KB168733

아시아 舞踊의 人類學

東文選

아시아

舞踊의 人類學

宮尾慈良 著

沈雨晟 譯

아시아 각지를 찾아 여러 가지 무용을 볼수록 인간의 가장 근원적인 것과 만났다는 느낌을 갖게 되는데, 이것은 우리가 잊어버린 신체의 표현과 만나서가 아닐까?

신체가 표현하는 것은 우리들의 감성에 직접적인 느낌을 준다.

이것이야말로 일상 속에서는 느끼지 못하는 아니 잊어버린 것이며, 이 신체의 표현태表現態를 통하여 본래의 인간성이 회복되는 것이리라.

아시아의 각지에는 다양한 무용이 전승되고 있다. 실상 나는 무용이라는 것이 민족생활 속에서 이렇게까지 중요하다는 것을 깨닫지 못했었다.

무용수는 고대로부터 현재에 이르기까지 민족의 정신문화를 전승시키기 위하여 바로 신체를 도구로써 어떤 때는 정적인 동작으로, 또 어느 때는 동적인 동작으로 표현해왔다. 이제까지 무용은 연희하는 무용수와 보는 관객이라는 구조로 보아왔지만 이러한 입장은 우리 아시아에서는 통하지 않는 것 같다.

발리섬의 사눌 마을에서 우파챠라upatjara라는 토착무용을 본 적이 있다. 그것은 연극적인 구성이나 이야기거리를 갖지 않고, 다만 가멜란이라는 악기의 연주 소리에 몸을 함께 던지고 있는 것뿐이었다. 이 무용은 마침 새해를 맞는 전날, 즉 섣달 그믐에 사눌 마을의 사람들이 마을의 집회장인 반쟐에 모여 신들에의 공물供物을 들고 작은 사당祠堂 속에서 춤을 추며 받들어 올리는 것이었다. 춤을 추는 것이 신들에게 헌신을 표현하는 것이며, 그 헌신도獻身度는 춤을 추는 모습에서 나타난다고 한다. 이때에 먼저 춤을 추면서 나오는 사람은 나이 든 남녀의 마을 사람들인데 그들은 느릿느릿 가멜란 음악에 몸을, 아니 마음으로부터 그 리듬 속에 빨려 들어간다. 가볍게 발을 올리며 방향을 바꾸면서 손은 어깨 높이까지 역시 가볍게 올려 박자를 맞춘다. 이 광경은 마치 물 속에서의 행동처럼 천천히 움직이고 있다. 이제까지 보아온 발리 무용에 있어서의 완급緩急이 있는 움직임이 아니다. 그러나 그것은 구타 마을의 해변에서 본 의식무용 멘뎃트Mendet와 비슷한 움직임을 하고 있다. 그 의식은 메리스Melis라 하는데 마을마다에 있는 사원에 계신 신상神像을 성스러운 물로 목욕시키고 한 해 동안의 더러움을 털어내는 것이다. 해변에서는 바다 건너 멀리 사는 악령에게 여러 가지의 공물을 올리는 간소한 제단祭壇이 만들어져 마을 사람들은 몇 시간이나 걸려 행렬을 이루며 걷고 있었다. 그들은 몇몇 무리로 나누어져 사제司祭인 승려를 중심으로 의식이 시작된다. 승려의 주문呪文, 두 손을 모으면서 기원을 올리는 사람들 속에서 두 노파가 제단 앞에서 춤을 추기 시작한다. 손에는 바나나의 잎사귀를 들고 성스러운 물을 해변의 모래밭에 뿌린다. 이 무용을 멘뎃트라 하는데 그들은 끊임없이 춤을 계속 춰야 악령을 위로하여 잠잠하게 할 수 있다고 믿는다.

여기서 우파챠라란 자연히 몸을 움직인다는 뜻으로서, 가멜란의 소리가 들리게 되면 여기에 따라 몸이 움직인다기보다 마음으로 움직이지 않을 수 없는 상태를 말한다. 그러나 누구나 바로 즐거운 춤을 출 수 있다는 것은 아니다. 발리섬의 사람들에게 있어서 춤이란 자신의 내재한 마음을 나타내는 형태이자 신과의 만남을 즐겁고도 엄숙하게 맞이한다는 마음을 소중하게 지니고 있다. 그리고 춤을 추는 것으로 신과의 교령交靈을 느끼고 그후에 비로소 심신에 새로운 생명력이 가득찬 것으로 된다. 만약에 춤을 멈추면 신으로부터의 특별한 영력靈力을 받을 수 없다. 때문에 그 자리에 모인 모든 마을 사람들이 신의 영력을 받으려고 춤을 추며 음악을 연주하고 마을 전체가 최대의 제사의식을 펼치는 것이다. 이 비일상적인 시간과 공간 속에서 사람들은 일상 속에서 벌써 잃어버리고 만 정신세계를 회복하고 있다. 즉 제의 속에서 춤과 음악을 통해서 사람들은 동식물 또는 정령精靈, 신神들의 세계와 교령해 나아가는 것으로 그들의 정신을 유지하는 수단으로 삼고 있다. 이것은 집단의 문화를 전승하는 데 대단히 중요했음은 말할 필요도 없다.

이렇게 해서 집단 안에서 사람과 사람의 조화를 유지하기도 하고 사람들의 주위에 살고 있는 동식물 또는 그 전부를 지배하는 신이나 정령 또는 선조先祖와의 커뮤니케이션을 하는 데 무용을 비롯하여 음악·그림·조각·언어 등의 여러 가지 표현형태를 빌어서 신이나 정령과 소통해온 것이다. 이제까지 아시아에 있어서 언어가 생겨나기 이전의 전승형태로서 신체를 유일한 표현으로 하는 무용을 중심으로 그의 양식에 관련이 있는 음악·그림·조각 등을 〈필드 워크〉해온 것이다. 그의 표현형태는 말로써 표현하거나 눈으로 볼 수 없는 세계를 신체를 비롯하여 소리·돌·나무 등을 가지고 나타내려 한 것이었다.

확실히 오늘날처럼 언어의 발달에 따라서 사람과 사람 사이의 커뮤니케이션이 복잡해졌지만, 특히 무용·음악·그림에 있어서는 이 언어를 초월한 형이상적形而上的인 신체·소리·돌·나무라고 하는 표현매체를 가지고 정적 또는 동적으로 우리들 마음의 이미지를 형태있는 것으로 만들어낸 것이다. 이제까지 속俗한 육체나 나무·소리·돌 등이 일반 비일상세계 속에 편입되게 되면 그의 속성俗性을 잃고 이와는 다른 성화 聖化로 변한다. 눈에 보이는 물건으로부터 눈에 보이지 않는 세계를 이들의 표현형태는 일러 준다. 이러한 성스러움과 속함의 두 세계를 왕래함에 따라서 인간이 본래 지니고 있는 〈삶〉을 되찾게 될 것이다.

그러기 위해서라면 어떻게 해서든지 이 일상생활에서 해방되지 않으면 안 된다. 이러한 시간과 공간이 무용이나 연극 또는 제의祭儀의 세계 속에 있었다고 말할 수 있다. 특히 무용이라고 하는 세계로부터 여기에 나타나고 있는 것은 도대체 무엇이며 그것은 어떠한 과정을 거쳐야만 되는 것인가, 그 위에 다시 그러한 표현을 해야 되었는지를 생각해 보는 것은 아주 중요한 일이다.

다양한 모습으로 표현되는 세계는 역시 인간이 품어온 마음의 세계 이다.

이것을 전승의 현장에서 배워야 한다는 것은 아시아인의 사고방식이고 그 사고방식 속에서 무용의 의미를 찾지 않으면 안 된다. 그렇지 않을 때, 그냥 표면적인 것을 볼 뿐이고 그의 내면세계는 보이지 않을 것이다.

이제 무용으로부터 그의 내면세계를 보고자 생각하고 있다.

나의 저서 《아시아 무용의 인류학》이 역사 깊은 이웃나라의 저명한 민속학자 심우성 선생에 의해 한국어판으로 번역·출간됨에 있어 반가움을 금치 못하며, 이를 계기로 양국간의 학문적 교류가 돈독하여지기를 바라마지 않는다.

1990년 4월 15일

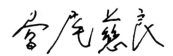

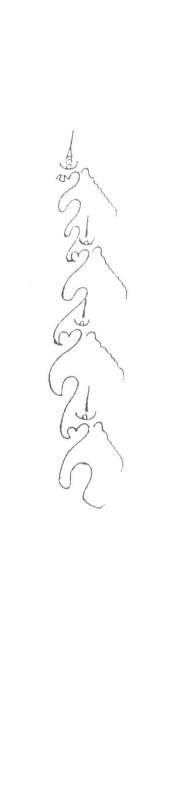

무용의 인류학적 접근

《아시아 무용의 인류학》의 저자 미야오 지료(宮尾慈良) 씨와는 10여 년 전부터 같은 동양문화, 특히 예능 방면에 대한 관심으로 가까이 지내는 사이이다.

그의 1984년판 《아시아의 인형극》을 국제 소포로 받아 보면서 첫 느낌이 꽤나 꼼꼼하고도 부지런하다 싶었다.

같은 해, 일본 와세다(早稻田) 대학 연극학회에서 공편(共編·市川 雅, 蘇 英哲, 宮尾慈良)으로 간행한 《아시아 예능연구 문헌목록》을 접하고는 역시 그러한 기초 위에서 차분히 학문적 성과를 거두어 가고 있음을 알 수 있었다.

그는 한동안 아시아의 인형극에 관심을 갖고 동남아, 특히 대만에 오래 체재하면서 현지답사를 통한 자료 수합에 심혈을 기울였다. 민족지적民族誌的 안목에서 동아시아, 동남아시아, 남아시아의 인형극을 살피고 있다.

《아시아의 인형극》에서도 소상한 〈문헌자료〉를 역시 덧붙이고 있다.

1987년, 그의 역작인 《아시아 무용의 인류학》을 다시 접하면서 그의 학문적 편력에서 한 줄기의 확연한 안목을 발견하게 되었다. 《아시아의 인형극》도 《아시아 무용의 인류학》으로 발전하기 위한 거쳐야 하는 디딤

돌이었음을 알게 되었다.

　인간이 만든 인간인 인형의 움직임에서 다시 인간의 움직임으로 눈길
을 돌린 것이리라.

　무용의 인류학[ANTHROPOLOGY OF DANCE]

　무용의 우주론[COSMOLOGY OF DANCE]

　무용의 신체학[KINESIOLOGY OF DANCE]

　무용의 도상학[ICONOGRAPHY OF DANCE]

　위의 네 항목은 무용의 인류학적 접근을 통한 보기 드문 해석이요,
방법론의 제시라 하겠다.

　우리 무용계에서도 이미 이러한 과제는 호기심의 단계를 넘어 구체적
작업으로 들어가고 있는 이때에 이 책은 충분한 길잡이 구실을 하리라
본다.

　지난 봄, 한국어판으로 옮기고 싶다 하자 선뜻 응낙하면서 앞으로
〈한국 무용〉을 충분히 보완해야겠다고 묻지 않는 말을 강조하였다.

　거듭 저자께 감사드리며, 특히 우리의 젊은 무용인들에게 널리 읽혀졌
으면 하는 욕심이다.

1991년 1월

옮긴이　심 우 성

아시아

舞踊의 人類學

신화와 신체의 우주론

　필자는 아시아 여러 지역을 방문할 때, 비행기의 작은 창문으로 내려다보이는 풍경을 매우 좋아한다. 그 창문으로 보는 세계는 국경이 없으며, 또한 민족·풍속·습관의 차이도 없다. 단지 녹음이 짙은 수목과 초목, 산과 물 등이 한데 조화를 이루며 생동하고 있다. 이것이 하늘과 땅 사이를 만들어낸 자연의 위대함일 것이다. 그러나 일단 지상에 내리면, 언어와 문화의 차이가 몇 가지 장벽을 만들어내기 시작한다. 이 장벽은 인간이 만들어내는 것이지, 신이 아니다. 그리고 그 신도 이 지상 세계에서는 인간의 마음에 따라서 장벽을 만들어내고 있다. 그렇지만 조금 눈을 돌려보면, 자연계에는 신과 정령精靈이 공존하며 늘 사람들의 평화와 그 생활을 지켜주고 있다. 신과 인간은 이러한 장벽을 부수고, 다른 민족들과 목적한 대로 전달할 수 있는 세계를 만들었다. 그러한 것 중의 하나가 무용·음악이며, 그밖에 제사·의식 등이었다. 특히 인도와 중국에서 무용과 음악은 신의 뜻에 따라 창조되어, 신과 사람 사이의 조화를 가져다 주었다.

　이러한 무용이 연출되는 시간과 공간은 일상적인 세계가 아니라, 일상에서 벗어나거나 혹은 초월한 세계에서 생겨난다. 춤판을 통해서 마을 사람들의 결속과 단결이 새로이 이루어지고, 마음과 마음이 통하게 된다. 세속적인 것에 물들어버린 마음이, 마치 물에 씻겨 내려가는 듯하다. 여기에서 일상생활 속에 숨겨져 있던 성스러운 시간과 공간이 다시 정신과 육체 속에서 해방되어 새로운 활력을 준다. 그것이 이루어지므로써 비로소 신과 사람 사이에 의사소통이 가능하게 되는 것이다. 이와같이 우리들 주변세계를 구성하고 있는 민족·사회·문화 등으로 구분되어 있는 세계를 초월할 수 있는 무용이야말로 인류가 함께 소유하지 않으면 안 되었던 것이다.

필자는 아직 시일은 오래되지 않았지만, 1972년부터 아시아 각 지역의 무용을 조사해왔다. 무용이 공연되는 주변세계와 인간 사이의 관계, 표현형태의 특징과 그 비교, 다른 예술양식과의 관련성 등을 기록하는 동안에 모든 예술형태의 근저에 무용이 있는 것이 아닌가, 라는 가상적인 생각을 품고 그것을 실증해가는 과정을 지금까지 하나하나 확인해온 셈이다. 그러면 무용이란 대체 인류·사회·문화적 차원에서 볼 때 어떠한 뜻을 지니고 있는 것이며, 왜 사람들은 무용을 해온 것인가를 아시아 지역의 무용과 마주칠 때마다 생각해왔다.

확실히 무용은 신체로 행하는 표현형태를 갖는다. 고대로부터의 정신문화는 무용에서 나타나며, 사람들과 사회를 정신적으로 지탱해왔다. 무용이 행해졌던 시간과 공간은 제사·의례·종교행사 등이었으며, 우리들에게 신성한 세계를 전하려고 했다. 그래서 무용이 실제로 나타내는 에너지는 눈으로 볼 수 없는 영혼의 힘이며, 우주를 지배하는 에너지로 그 자체가 무용수의 신체를 통하여 뚜렷이 모습을 나타낸다. 보고 있는 사람들은 그 에너지 속에 휩싸여 이제까지 자신 속에서 실제로 나타나지 않았던 에너지가 활성화되는 것처럼 감응한다.

이 책에서는 지금까지 방문했던 아시아 각 지역의 무용을 통하여 우리 인류에게 있어서 무용과 생활문화의 관계를 생각해 보고자, 현장기록을 밑바탕으로 다시 깊이 생각한 것이다. 각 장은 다음과 같이 구성되어 있다.

인류 역사 속의 무용을 세계 각 지역에서 행한 연구를 근거로, 개개 민족이 갖고 있는 무용뿐만 아니라 인류학의 시점에 따라 종합적인 무용에 대한 접근방식을 제시한 것이, 서장 〈무용의 인류학〉이다.

무용이 표현해온 세계는 무한한 에너지가 뚜렷이 모습을 나타내는 자리이다. 무용이 행해지는 신성하고 비일상적인 세계는, 일상세계인 세속과 대립하고 있다. 그 세속적인 세계와 유리된 시간과 공간은 대체 어떠한 의미가 있으며, 무용은 그 비일상의 세계에서 무엇을 우리들에게 전하고자 하는가를 생각해 본 것이 제1장 〈무용의 우주론〉이다.

무용은 신체를 유일한 도구로 삼는 표현형태이다. 그 동태를 무한한 세계 속에서 생각해 보건대, 아시아 무용에 있어서 밝혀져야 할 것은 발과 손으로 하는 동태이다. 왜냐하면 이것은 무한한 에너지를 실제로 나타내는 것이 발과 손이기 때문이다. 그 율동은 우리들 마음의 작용과 깊은 관련이 있다. 이것을 생각해 본 것이 제2장 〈무용의 신체학〉이다.

그리고 제3장에서 다루고 있는 것은 〈무용의 도상학圖像學〉이다. 그것은 아시아 각 지역에서 많이 볼 수 있는 회화·벽화·조각상 등에 묘사되어 있는 무용 자료에서 무용을 생각해 본 것이다. 무용은 〈움직이는 예술〉로 불리워지지만, 그것이 회화나 조각상과 같이 〈움직이지 않는 예술〉로 표현되기도 한다. 이와같이 상반되는 동動과 정靜의 표현형태에는 주술적 원리로 통하는 면이 있다. 고요함 속에서 움직임을 보고, 움직임 속에서 고요함을 발견하는 것은, 마음 속에서 이루어지는 에너지와 감응하여 생명의 활성화로 나타내는 것이다.

이 책은 이와같이 네 개의 장으로 나누어져 있고, 무용과 인류 사이의 관계를 기본으로 인류가 어떻게 무용 문화를 만들어 왔는가, 그리고 인간이 앞으로 무용을 계속 행할 것인가를 생각해 보았다. 이제부터는 다른 문화와 더한층 접촉해야 하는 시대가 되었지만, 문화라는 범주를 넘어서 인간이 공유하고 있는 세계라는 견지에서 다시 한 번 문화의 차이를 생각해 볼 필요가 있을 것이다. 그리고 우리들 감각으로는 어떻게 다룰 수 없는 초감각세계에서부터, 우리들 세계에 속하는 식물·동물·곤충·어류 등까지도 형태를 각기 달리하고 있지만, 모두 우주공간에서 상호 의사전달을 하고 있다. 무용은 그러한 의사전달의 장을 만들어 주며, 우리들에게 그 의사전달의 방법을 가르쳐 주고 있다.

【目次】

序章 ———

舞踊의 人類學 〔ANTHROPOLOGY OF DANCE〕

무용의 인류학이란 무엇인가

아시아 각 지역에서 무용이 활발하게 공연되고 있다. 지금 이처럼 무용 그 자체를 보는 것에 따라 신체로 보는 문화가 논의되는 것도, 실은 우리들이 이제까지 보거나 접촉하였던 신체동작과 다르다는 것을 알았기 때문일 것이다. 이것이 일본에서는 다른 문화와의 만남이라고도 일컬어지고 있다.

그러나 이러한 무용이 무대에서 행해질 때는, 본래 무용이 현현코자 하는 것은 발현되지 못하고 인공으로 만들어낸 무대예술이 되어 버리는 것을 부정할 수 없다. 그것은 무용이 공연되는 공간, 그 공연 목적 따위의 주변세를 잃어버리는 것에 따른 바이다. 우리들에게 이러한 위화감을 주는 것은, 실은 아시아 무용의 대부분이 지금까지 무대 위에서 관객을 상대로 감상되는 무대무용으로만 발달한 것이 아니라, 그 무용이 자라난 사회문화와의 연관성 없이는 존재하지 않는다는 것을 뜻하고 있기 때문이다. 더욱이 지금 한 가지 잊고 있는 것은, 무용을 행하는 신체의 동태를 나타내는 힘은 대체 어디에 있는 것인가를 밝히려 하지 않고, 단지 무용을 둘러싸고 있는 사회구조·문화적 가치·우주관·역사 등을 기술하는 데만 초점이 맞춰져 있었다. 그것은 현지에서 실제로 보고 듣고, 조사한 사람의 생생한 기록이 미화되어 버렸기 때문이었다.

물론 계속 아시아 각 지역을 여행하며 각 민족의 마음을 느끼고, 여러 가지 전통문화정신을 몸으로 체험하면서, 각 민족무용을 받아들이는 데는 시간적으로든 공간적으로든 한계가 있음을 알았다. 그리고 필자에게는 지금도 답사해야 될 지역이 많이 남아있다. 그러나 무용이 행해지는 공간과 시간을 떠나서, 오늘날과 같이 언어발달에 의한 인간 사이의 교류(Communication)가 가능하게 된 상태에서 언어에 의존하지 않고, 신체의 동태를 소재로 전승하는 문화로서의 무용의 본래 의미는 무엇인가를 되새겨봄으로써 인류문화 속에서 무용의 위치가 확실해지리라 생각한다.

분명히 어느 민족이 문자문화를 발달시켜왔음에도 불구하고 신화·전설·민담·선조들의 혈통 등이 이야기로 전승되고 있는 것은 아프리카 제민족 연구로 명확해지고 있다. 이것은 아시아에서도 마찬가지라고 할 수 있으며, 여러 가지 연극을 형태상으로 고찰해 보더라도 역시 구두(Oral)를 기본구조로 한다. 예를들면 연기자가 말하는 것이 문자화가 되더라도 후계자인 자식이나 제자·학생 들은 이 문자를 암송할 수 없는 세계가 지금도 존재하고 있다. 그것은 언어로 전승하는 것이 그들의 문화를 표현하는 유일한 전통적인 방법으로 생각하였기 때문이다. 그러므로 문자를 갖지 못한 문화에서야말로 그 전승의 힘이라는 것이 어떠한 형태로 표현되는가를 알 수 있을 것이다.

그 중에서도 문자 이전의 전승을 생각해 보면, 인간의 감각기능을 충분히 사용하며, 신체 그 자체를 도구로 사용해온 무용이 그들의 문화를 전승하는 유일한 표현이었음은 당연하다. 무용은 어떤 민족에게나 전승되며, 어떤 때는 사람과 사람, 사람과 동물, 마을 전체, 신과 조상 사이의 교류를 위해 공연되어 왔다. 무용은 민족문화 그 자체이며, 무용과 민족문화는 불가분의 관계에 있다는 사실을 많은 연구자들이 발표하고 있다. 인류는 무용을 통하여 자기자신의 주변세계를 그려내며, 눈으로 볼 수 없고 귀로 들을 수 없고 가까이 접할 수도 없는 초월적인 존재인 영력靈力이나 우주를 지배하는 힘, 또는 자연이 갖는 불가사의한 힘, 그리고 신·조상·정령 등과 감응하여 왔다. 이것은 무용을 하므로 우리들에게 자기와 타인과의 세계, 보이는(Visible) 세계와 보이지 않는(Invisible) 세계, 들리는(Audible) 세계와 들리지 않는(Inaudible) 세계, 현재 세상과 다른 세상 등등을 가르쳐 주었다. 고대로부터 사람들은 그 두 세계 사이를 마음으로 왕래하여 왔다. 이러한 세계는 무용으로 하나의 세계를 이루고, 두 가지 세계는 마음을 통하여 본래 모습을 보고, 듣고, 느낄 수 있는 것이기 때문이다.

무용은 인류의 생활과 행동양식을 직접적으로 표현하고 있다. 이러한 무용의 여러 가지 측면을 관찰함으로써 민족이 예로부터 전승해오고 있는 문화체계를 알 수 있다. 즉 무용은 〈문화의 거울〉이며, 문화는 〈무용의 거울〉이라 말할 수 있다. 요즘은 무용이 인간행동으로써 어떻게 사회 속에서 연기되고 있는가 하는 것을, 공간적으로 지역을 넓혀가면서 모든 민족의 무용을 연구하게 되었다. 그러한 연구에 있어서 유럽에서는 민족학과 인류학적 방법론(Methodology)을 받아들였다. 그러나 이러한 무용연구가 지금까지 대상으로 삼은 지역은 주로 아프리카의 여러 나라였다. 이것은 민족학과 인류학 연구의 출발이 유럽 여러 나라들이 식민지로 삼아 지배해온 아프리카 여러 민족의 문화 속에서 이해를 더할 수 있었기 때문이며, 그것은 일찍이 일본의 〈대동아공영권大東亞共榮圈〉에 있어서의 제민족 연구와 상통하는 바가 있다. 그러므로 무용이라는 문화현상을 통하여 사회문화의 구조를 탐구하는 것은, 사회변화나 발전 속에서의 인류 본연의 자세를 생각하는 데 중요한 측면이기도 하다.

한편 아메리카에서 무용의 민족학적·인류학적 연구가 행해지게 된 기간은 최근 반 세기 동안이다. 역시 그 방법론은 유럽의 무용연구에서 크게 영향을 받았지만, 오히려 민족학이라기보다는 문화인류학적 시점에 중요성이 있기 때문에, 사회구조 전체 모습을 본질까지 파고들어 문제를 해석하려는 것이 아니라, 문화적 측면으로서의 무용을 예술로서의 조각·회화·연극 등의 수준에 놓고 연구하려는 것이었다. 무용연구로써의 방법론은 아직 확립되어 있다고는 말할 수 없지만, 여러 민족에 전해지고 있는 조사보고(Monograph)를 많이 모아, 그것을 토대로 사회적 기능과 구조, 문화유형 분석이 이루어지게 되었다. 특히 민족음악학(Ethno-musicology) 연구자에 의하여 일본을 포함한 한국·인도네시아·인도·타이 등 많은 민족음악과 함께 무용연구가 널리 행해지게 되었다.

이렇게 음악과 무용은 불가분의 관계인 까닭에 아메리카의 민족음악학자 중에는 악기를 연주할 수도 있고, 이론에도 밝은 동시에 무용을 배우며 연기하는 사람이 많다. 이것은 아메리카인의 실용적인 성격, 또는 신대륙 발견 이후 개척정신의 적극성이 반영되어 있을지도 모르지만, 그들의 가능성에 대한 도전성을 엿볼 수 있다. 새로운 문화를 구축하는 데 유럽문화에 입각한 것이 아니라, 오히려 유럽의 옛 전통에는 없는 문화체계를 갖고, 같은 전통을 지닌 아시아문화에서 배우려는 생각이 아시아로 향하는 관심을 이루고, 연구라는 형태로 받아들여지기 시작했다고 말할 수 있다. 아시아 여러 문화가 연구대상으로 부각되고, 여러 가지 측면이 흡수되었지만, 그것이 새로운 것을 창조하는 에너지가 되었는가의 여부는 지금 단계로서는 성과를 기대하는 것이 시간적으로 성급할지도 모른다. 요컨대 아메리카에서의 아시아 무용연구는 이제사 겨우 뿌리를 내리기 시작한 것이다. 물론 점차로 많은 사람들이 눈으로 볼 수 있게 됨에 따라 관심을 갖게 되어, 이제까지 아시아에 대한 기이한 시점에서 일상생활 속에 있는 아시아로 돌아오지 못한다면 아시아 무용에 대한 의식도 깊을 수 없을 것이다.

이 책에서는 일본에서도 아메리카와 마찬가지로, 아시아에서의 무용의 이해도는 그다지 높지는 않지만, 필자가 이제까지 보고 들어온 무용을 통하여, 무용이 인류문화 속에서 대체 어떤 의미를 지니며, 장래에 어떻게 지속하여 갈 것인가를 생각해 보려는 것에 주안점을 두었다. 독자가 이 책을 읽는 동안에 무용이라는 것을 의식해 준다면, 필자의 목적의 한 가지는 달성된 셈이다. 또 독자가 우리 인류가 지니고 있는 무용에 흥미를 갖고, 자신의 주변에서 행해지고 있는 무용세계를 구축하고 있는 여러 가지 요소까지에도 마음을 쏟아주리라는 생각이다.

무용의 인류학적 접근

　무용인류학은 인류문화 속에서 무용을 통하여, 넓게는 인류문제를 이해하는 학문이라 말할 수 있다. 여기에서는 아시아 여러 민족의 무용을 인류학적 측면에서 폭넓게 고찰하고자 하는 것으로, 그러기 위해서는 아무래도 아시아 여러 지역에 전승되는 무용의 현장조사를 하지 않을 수 없었다.

　아시아에서 필자가 행한 무용의 현장기록은 1972년 인도네시아 발리섬에서 시작하여 15년 가까이 걸렸다. 이렇듯 긴 기간에 걸친 조사는, 인도네시아·싱가폴·말레지아·인도·대만·홍콩 등지에서 각각 1년 가까이 머무르며 그 무용을 중심으로 하는 현장기록은 산더미처럼 쌓인 사진과 자료 등 수십 권에 달한다. 게다가 매년 몇 개월씩이나 단기조사를 계속해서 현장기록이 정리되지 않은 부분을 보충해야 했다. 이렇게 조사한 자료를 빠짐 없이 정리하는 데는 2배에서 3배 가량의 시간을 필요로 하였다. 그 기록에서 무용에 관한 현장기록을 정리하려고 한 것이 이 책의 골격을 이루게 되었다.

　아시아도 매우 광대한 지역이라서, 필자가 조사해온 것은 극히 한정되어 있는 일부이기는 하지만 지금까지의 조사보고를 토대로 아시아의 무용을 비교해 보고자 한다. 지금까지 여러 민족무용을 민족학 또는 인류학적 시점에서 받아들인 것은, 민족학 연구에서 문화의 연구가 진행되었기 때문이기도 하다. 그러나 민족적인(Ethnic) 측면에서가 아니라 민족을 초월한 세계를 가진 무용을 생각하면서 점차로 문화인류학의 시점으로 받아들이게 되었다. 그리고 먼저 그 연구가 진행된 아메리카에서의 무용의 접근에 관한 여러 논문을 읽어보았다. 또한 1981년부터 아메리카 하와이주에 있는 동서문화센터와 하와이대학 대학원 연극학과에서 배울 기회를 가져 많은 연구 방법론을 터득하였다. 그러나 실제로 현지에서 현장조사를 하는 단계에서 필자의 눈에 비친 것은 모두 기록해 가기로 하고 무용이 행해지는 공간의 본래 모습, 또는 어떻게 해서 연희자演戲者가 분장하여 등장인물이 되어가는가, 관객은 무용을 어떻게 보고 있는가 등 연희자를 중심으로 기록해가는 접근방법을 시도해 보았다. 그렇지만 지금까지 필자가 알고 있던 세계와는 완전히 다른 세계, 즉 아시아 무용의 주변세계를 살피며 놀라운 사실을 빈번히 접하게 되었다. 그리고 그 주변세계를 이해하지 못하면, 무용을 공연하는 의미를 이해할 수 없다는 점을 비로소 깨닫게 되었다.

무용에 대한 연구를 인간사회와의 관계에서 볼 때는 기능과 형태 측면에서부터 접근할 수 있을 것이다. 즉 무용의 기능적 측면은 무용의 현상적인 면이고, 종교·주술·의례·오락 그리고 사교 등의 공연이 목적이며, 공연에 따른 효과와 결과가 어떤 것인가를 명확히 하는 데 있다. 그리고 무용의 형태적 측면은, 다음과 같이 세분할 수 있으며

ⓐ 사람수

ⓑ 표현형태 —— 춤・무용・가무歌舞・가무극・무용극

ⓒ 연희자의 사회적 지위・신분

ⓓ 신체의 운동・방향성・동력학動力學

ⓔ 의상・분장・가면・소도구・무대장치・무대

ⓕ 이야기의 제재題材, 세계

등을 조사하는 접근방법이다.

　이러한 무용의 기본적 항목 구조가 인류문화 속에서 어떻게 관련되면서 존재하는가를 생각해 보는 것이, 인류학적 연구의 방법론이다. 즉무용을 중심으로 인류와 문화를 동시에 고찰해가는 것이다. 인류학이란 사회과학 중에서 가장 포괄적이며 폭넓은 학문으로 인정되고 있다. 현존하는 사회가 어떻게 발전해왔는가를 이해하는 데 인류학이 중요한 관건이 된다. 더욱이 인류학은 사회문화 속의 여러 양상・행동・사고가 어떻게 해서 서로 관련되어 영향을 미치고 있는가를 이해하기 위한 분야이며, 여러 예술과 문화적 측면을 중심으로 조사・연구하는 것으로 오늘날의 문화인류학이 주로 다루고 있는 분야이다. 따라서 인류학이란 인간연구를 주제로 하고 있으므로, 밀접한 연관이 있는 사회과학을 병행시키지 않은 연구는 충분한 성과를 기대할 수 없을 것이다.

　여기에서는 무용이라는 문화현상을 대상으로 하고 있지만, 어느 특정 지역의 무용을 연구하는 것이 아니다. 즉 아시아 각 지역의 민족이 현재

[어둠의 색채]

●

우주는 혼돈과 암흑.

보이지 않는 신들은 어둠 속에서 태어난다.

어둠인 무無의 세계는 신들의 색채와 형태를 낳는 생명체이다.

●

암흑에서 태어난 신들은 의인화되고 색채를 띠고 있다.

연희자는 몇 시간에 걸친 색채의 의식·분장·가면·의상에 의하여

신들의 모습을 연출해낸다.

●

색채는 신들의 다른 세계로 향해가는 입구.

제물·장식·의상의 풍부한 색채는 성스러운 시간과 공간에로의

초대이다.

◉ 가면무용극 초우
인도 동벵갈주 플루리
아현토란 마을.
《마하바라타》에 실린 이
야기에서 취한 것으로 아
르쥬나의 아들 아비망뉴
는 용감한 전투 모습을 발
의 동태로 표현한다.

◉ 파루마 마을의 초우
플루리아현 파루마 마
을. 열 개의 머리를 가진
라바나는 라마의 적으로
마귀세계의 왕이다. 격렬
하게 약동하는 동태에의
하여 공포를 표현하고 있
다.

◉제사무용 티얌
인도의 케랄라주. 긴
시간에 걸친 분장으로 신
으로 변신한 연희자는 어
둠 속에서 춤춘다. 종이로
만든 커다란 머리의 장식
은 신들의 색다른 모습을
보여준다.

◉ 제사무용 부타
인도의 케랄라주. 질병
을 없애기 위하여 연희자
는 스스로 질병신의 모습
으로 변모하여, 격렬하게
춤추며 돈다.
최후에 불로 부정을 없애
고 병으로부터 해방된
다.

◉ 제사무용 티얌
무용극 카타카리의 원
형이라고 하며, 손가락
언어인 무드라에 의하여
신의 뜻을 전달한다.

◉ 고전무용극 카타카리
인도의 케랄라주. 〈라마
야나〉의 원숭이 왕 스구리
버는 작은 의자에 올라가
얼굴과 손의 표현으로 이
야기를 진행시켜 간다.

⊙세라이케라의 초우

인도의 비하르주, 세라이케라, 농경민의 무용극으로 플루리아 초우와는 대조적인 양상을 보이며, 왕족에 의해 전해지는 우아한 초우이다.

⊙세라이케라의 초우

달의 을녀 추드로바가는 태양신 스리야와 열애에 빠진다. 오리사주코나라크에 전해지고 있는 비련의 이야기를 소재로 한 이 무용은 관객을 신화의 세계로 끌어들인다.

◉바론 댄스
인도네시아의 발리섬.
성수 바론과 마왕 란다의
이야기이다. 마왕 란다의
영술靈術에 대항하는 어
링광대들이 무대를 소리
치며 빙빙 돈다.

◉바론 댄스

선한 신의 상징, 성수

바론의 출현으로 악한 신

란다의 영력은 억제된

다.

◉바론 댄스……上

사원의 입구를 무대 위

에 설치하고 있다.

◉바론 댄스……下

마왕 란다의 영술에 걸

린 사람들은 스스로 가슴

에 단검 클리스로 찔러 흥

분 상태에 빠진다.

◉레곤 댄스

여성의 우미함을 표현하는 레곤은 발리섬을 대표하는 무용이다. 어깨 높이로 팔꿈치를 올리고 허리를 내리는 형태는 세련된 동태에서 비롯된 당

◉대만의 대표적인 고전
연극

희곡〈백사전百蛇傳〉에
있는 내용의 일부로 연희
자는 좁은 무대에서 공중
회전을 하는 등 신체 표현
의 가능성의 크기를 보여
주고 있다.

◉전통연극
여성 연희자는〈챠오〉
라는 일종의 의족義足을
신고 발끝으로 걷는다.
그러한 동태로 막대기를
사용하는 것은 오랜 훈련
에 의하여 터득할수 있는
기교이다……上

◉민간고전극, 문하생들
의 극
대만, 이 연극은 경극과
비슷하지만 연기는 대사
나 신체동작에 지방색을
나타내고 있다……下

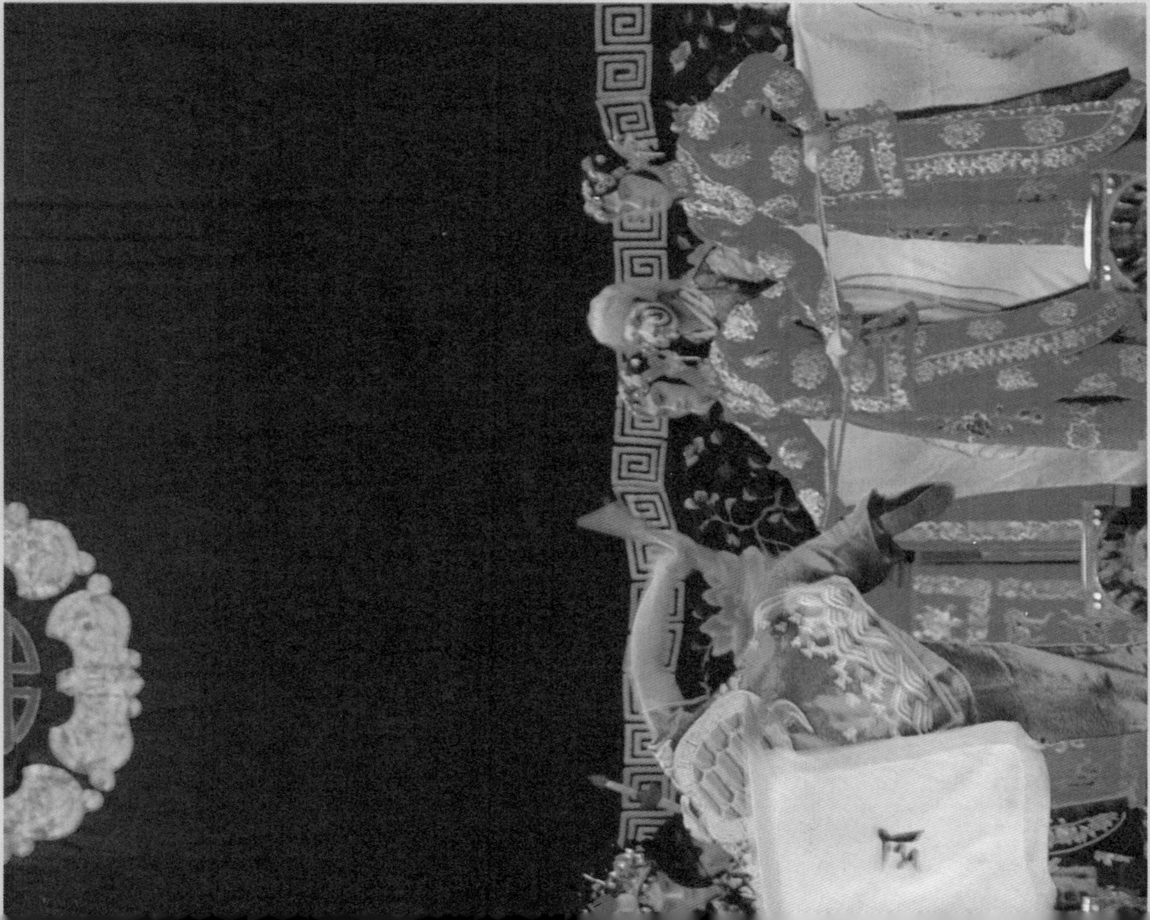

◉산지 민족 아미족의 춤
대만. 직물에 필요한
실을 잣고 있는 모습을
으로 보여 준다. 보편적
생활이 무용화되어 있
다…… 下

◉ 서낭제
대만 가의현. 시내를
지키는 성황신은 악령을
쫓아내기 위하여 줄지어
걷는다. 폭죽 소리와 함께
악령은 진압된다……上

◉마저묘媽姐廟에 나타난
탕키
대만 운림현. 신의 자리
인 의자와 함께 신묘 안으
로 들어간다. 칼을든 탕키
는 신이 들려 자신의 허와
등에 칼날을 댄다. 신에
대한 헌신이므로 신체에
상처가 나지 않는다
……右下

◉마저묘에서 추는 말춤
대만 가의현. 민간예능
의 한 가지이다. 포로硇疆
는 일본의 호니호루의 원
형이라 할수있다. 연희자
는 수없이 원을 그리는 동
안에 신이 빙의하게 된다
……左下

⊙ 라다크 지방의 무용
옥석玉石을 가지고 머
리를 장식한 여성의 무
용. 정태 속에서 수족을
약간씩 움직인다.

⊙ 라다크 지방의 무용
인도의 캐시미르중 인
도의 무용이라기 보다는
오히려 서역과의 교류에
서 생겨난 무용으로 움직
임이 적은 가운데 우아함
이 표현되고 있다.

◉바라칫기야 가남

대만 난서도 이라랄라
이 마을. 여성들은 서로
팔짱을 낀 상태에서 마주
향해 보며 머리카락을 전
후로 흔든다.
머리카락의 주술성은 풍
어豊漁를 기원하는 염원
을 담고 있다.

◉미카로와로와치 아 가
남

대만 난서도 이라랄라
이 마을. 여성들은 원을
이루며 춤춘다 이는 어망
을 상징하고 있다.

◉ 찻트 푸에
미얀마. 실로 조종하는
인형극이 나중에 실제 인
간이 같은 자태를 취하며
춤추게 된다. 인형의 움직
임은 미얀마 무용에 커다
란 영향을 미치게 되었다
.....上

◉북춤
한국. 양손에 북채를
가지고 무대에 놓여있는
북을 춤추면서 두드리는
무용은 10세기 고려시대
까지 거슬러 올라간다고
한다.....右下

◉밤부댄스
필리핀. 대나무 막대에
발이 끼지 않도록 춤추는
티니크린.....左下

[새로 태어나는 신들]

●

사막지대·물이 있는 지대·작열지대·한랭지대
각기 다른 대지와 풍토 속에서 각자가 신봉하는 신들에 대하여 자기
존재를 호소한다.
우리들이 이 땅에서 헌신하고 있음을 알려 주기 위해,
경배하는 마음으로
현란하고 아름다운 장식으로 몸단장을 하고,
이 세상 신들로 분장하여 춤춘다.

●

아시아 무용 속에서 신들은 다시 태어난다.
비일상의 시간과 공간 속에서,
사람들은 인간의 가장 근원적인 삶의 의미를 음미하면서
신들과 함께 춤춘다.

●

지금 이곳에 신들은 공존하고 있다.

전승시켜 나가고 있는 무용을 대상으로 하는 문화의 통시적 고찰(Cross Cultural Research)을 하고 있으므로, 무용을 민족학(Ethnology)연구와 각 민족 사이의 비교에 의하여 전체적으로 파악하고, 그 위에서 무용이 지니는 인류문화 상호간의 이해를 넓혀나가지 않으면 안 될 것이다. 그러므로 무용을 인류학적 고찰(Anthropological Research)의 대상으로 삼는다면, 아시아 각 지역에서 공연되고 있는 무용은 그 민족이나 구성원들의 어떠한 상황을 나타내는 것이며, 또 사회적 전후 관계 속에서 무용의 역할은 무엇인가를 이해하기 위해서는 적어도 몇 년에 걸친 현장조사를 하지 않으면 안 된다. 그리고 가능한 한 무용 현상現狀을 조사하게 되지만, 무용이라는 특정한 측면만을 조사하는 것이 아니라 항상 무용과 사회문화 관계 속에서 조사를 진척시켜 나가지 않으면 안 될 것이다.

이 무용에 있어서 사회문화 상호간의 이해를 진척시키는 연구 중에서 우선 인류학사에게 필요한 것은 탈부족화脫部族化이다. 그것은 조사하고 있는 사회문화를 자신들의 가치관으로 판단하는 것을 피하기 위한 것이다. 상대의 문화를 자신들의 문화체계에 적용시켜 버리는 것은 바람직하지 않다. 그러므로 여러 가지 자료를 하나하나 바르게 수집하는 것이 필요하지만, 필자는 아시아의 모든 지역을 방문할 때 반드시 마을의 많은 사람들과 직접 만나 대화를 나누었다. 대담자의 수는 많으면 많을수록 유익하였고, 같은 질문을 몇 번이나 반복하면서 정보를 수집했다. 질문의 내용을 보면 다음과 같다.

ⓐ 오늘밤에는 어디에서 무용이 공연됩니까.

ⓑ 지금 알고 계신 무용은 무엇입니까, 몇 가지나 되는지 가르쳐 주십시오.

ⓒ 오늘날에는 공연되지 않지만, 일찍이 공연되었던 무용이 있습니까.

ⓓ 만약 있다면, 어째서 공연되지 않게 되었습니까.

ⓔ 언제, 어디에서 무용이 공연되며, 볼 수 있습니까.

ⓕ 당신은 춤을 춰본 적이 있습니까.

ⓖ 당신은 무용을 배운 적이 있습니까.

ⓗ 만약 있다면 어디서, 누구에게 배웠습니까.

이러한 질문 내용을 가지고 현지 사람들과 대화를 나누기 시작하였다. 이것은 아시아 무용에 대한 문헌자료가 필자가 조사를 시작하였던 1972년에는 매우 적었던 이유도 있고, 또 자신이 수집한 정보가 유일하게 귀중한 자료가 되기 때문이다. 오늘날에는 모든 정보를 쉽게 입수할수 있으므로, 사전에 조사대상을 설정해놓는 연구자도 적지 않지만, 기본적으로 중요한 것은 비록 시간이 걸리더라도 철저하게 자신의 발로 그지역을 모두 답사해야 한다는 사실이다. 왜냐하면 조사하는 무용은 생존해 있는 인간이 공연하는 것이고, 무형無形의 예술형태이므로 사전에 문헌자료에서 기록한 무용과는 완전히 이질적인 면이 있다는 점을 인식해야 하기 때문이다. 그리고 거기에서 본 무용을 우리의 감각기관을 총동원하여 기록해 나갈 자세가 없으면 안 되는 것이다. 이러한 과정을 거쳐 작성되는 것이 조사보고이다. 무용연구의 접근으로는 현장기록을 기초로 한 조사보고가 가장 중요한 작업이 되며, 그것은 건물의 뼈대와 비슷하다. 이 작업이 없이는 비교연구가 진행되지 않는다.

무용의 인류학적 연구가 어떻게 이루어져 왔는가를 살펴보도록 하자. 지금까지 무용을 통하여 민족문화를 연구하는 학문은 무용인류학(Dance Anthropology), 민족무용학(Ethno Choreology), 무용민족학(Dance Ethnology)이라 일컬어져 왔다. 그 선구자인 음악학자 쿠르트 작스Curt Sachs는 1933년에 세계 각지 민족에 전승되는 무용을 연구한 책《세계무용사》를 저술하였지만 이렇게 각 민족무용을 연구하는 학문에 대한 호칭은 그때까지는 없었다. 작스는 많은 민족학자가 수집한 무용에 관한 자료를 비교분석하는 것으로 유형화類型化를 시도하였다. 그러나 그 자신이 무용이 공연되고 있는 사회문화 속에서 조사연구를 하지 않았기 때문에, 이른바 이론상으로만 이루어지는 지적知的 작업으로 끝나버린 경향이 있다. 그렇기 때문에 무용이 예술로서 발달해온 과정을 고대로 거슬러 올라가 역사적 배경 속에서 분석하고 연구하는 접근방법밖에 없었다. 또한 무용은 신체를 이용하는 것이어서 인간에게 있어서 어떠한 창조적 표현보다도 선행해야 한다는 탁월한 논리를 서술하면서, 그 인간 신체운동에 관해 언급할 수 있는 데까지는 이르지 못하였다.

이 결점을 보완해주는 인간의 신체운동에서 보이는 구조와 이론을 전개한 사람이 루돌프 라반Rudolf Laban이었다. 라반은 인간의 운동에 관한 연구를 1930년대에 시작하였지만, 과학적 접근에서 인간의 운동을 공간과 시간 속에서 기술하는 보법譜法(후에 라반의 이름을 따서 라반노테이션Labanotation이라 칭해졌다)과 역학구조를 응용한 모형에 따라 무용에서 운동이론을 확립하고, 연구 가능성을 발전시킨 공적은 크다고 말할 수 있다. 이렇게 무용에 대한 이해가 환기되었고, 무용연구가 문화적인 차원을 넘어서 인간연구로써 대두된 것은 라반의 덕택이며, 무용을 인류학적 시점으로 받아들이게 되었다. 그때 무용연구에 민족학적 방법과 시점을 받아들인 게르투르드 쿠라드Gertude Kurath는 1960년에 〈무용민족학의 파노라마〉라는 논문을 발표하였다. 또한 1968년에 일름가르드 바르테니프Irmgard Bartenieff는 〈인류학 연구 — 원시문화에서 무용의 형태 연구〉, 죠안 케알리노호모쿠Joann Kealiinohomoku는 무용을 다른 예술과 학문적 견지에서 고찰을 시도한 〈민족 역사적 연구〉를 논하고 있다. 1970년대에 들어오면, 아드레누 케플러Adrienne Kaeppler는 〈통가무용연구 — 무용구조분석에 있어서의 방법론과 이론〉을 발표했지만, 이 시기에는 무용민족학에 있어서 연구 방법론과 이론을 현장조사 중에, 어떻게 응용해가는가에 관한 논문과 토의가 많이 보인다. 아메리카에서 유일한 무용연구기관인 코드(CORD, Comittee on Research in Dance)가 1972년에 개최한 탁손에서의 한 연구집회에서는 무용민족학에서 현장조사의 실천적 접근에 대해 논의되었다. 한편 유럽에서 이 시기에 무용을 인류학 측면에서 연구한 사람은, 폴란드 태생의 로델릭 랑게Roderyk Lange로, 그는 《무용의 본질 — 인류학적 고찰》이라는 책을 1975년에 간행했다. 랑게는 이 책의 서론에서 무용인류학이란 라반에 따른 인간의 운동원리가 해명되고, 그 운동의 논리형태가 인간생활의 상황과 사회적 배경 속에서 나타난 표현을 어떻게 발견해내는가를 해명한 분야이다, 라고 정의하였다. 그리고 우리들의 현대생활을 충분히 이해하기 위해서는, 인류의 발전사 속에서 무용과 인류문화의 관계를 고찰하고, 또한 인류학과 사회과학의 지식을 충분히 응용해야만 하는 것도 서술하고 있다.

랑게가 말한 것처럼 가능한 한 넓은 범위에 걸쳐 무용을 조사하고 그 다양한 현상들을 이해한 다음, 다시 한 번 인류문화 속에서의 무용을 생각해 보는 것이 중요하다. 또한 무용의 문화적 역할을 생각해 보는 것은, 결국 사회과학분야가 취급하는 철학 · 문학 · 심리학 · 역사학 등에서 요구하고 있는 〈인간이란 무엇인가〉에 대한 학문이라고도 말할 수 있겠다. 그러니까 무용에 대한 연구는 결코 연극과 음악을 전문으로 하는 사람들만의 대상 분야가 아니다. 그것은 인간의 신체 동태가 주변세계와 어떠한 관계를 맺고 있는가, 일상의 동작, 혹은 제사의식 속에서의 동태와 무용하는 것 그 자체가 사회 · 문화 · 민족 전체와 어떠한 연관을 갖고 있는가에 대한 방향을 가르쳐 주는 것이며, 그러한 관점에 관심을 두고 있는 사람들의 학문이 이 무용인류학인 것이다. 그러므로 여기에서 주지하는 바는 아시아 각 민족에 전승되고 있는 무용을 통하여, 인류학적 시점에서 무용을 이해하고자 하는 데 있다.

第 1 章 ——

舞踊의 **宇宙論** [COSMOLOGY OF DANCE]

무용의 창조적 세계

아시아 각 지역에서 볼 수 있는 무용은 풍토·민족·풍습에 따라 그 표현양식이나 형식을 달리하고 있다. 또한 사람들이 무용을 통해서 얻는 것도 그 사회적 기능에 따라 다르다. 그러므로 우리들의 눈으로 여러 종류의 무용을 식별하고자 한다면, 먼저 표면적인 의상과 장식물 그리고 신체적 특성을 통해서 쉽게 파악할 수 있을 것이다. 더욱이 무용이 행해지고 있는 주변 풍경과 건물 일부에서도 그 민족성을 느낄 수 있다. 그러나 시대가 흐름에 따라 세상이 변하고, 사람들의 사고방식에도 변화가 생겨남에 따라 이러한 차이점도 사람들이 무용에서 추구하려는 바나 세계관, 또는 표현양식도 변하였다.

그러나 세상이 변했다고 하더라도, 본질은 변하지 않고 줄곧 전통양식에 따라 행해지고 있는 세계와 만날 수 있다. 또한 무용은 공연하는 사람의 내면세계가 외부로 형태를 드러내는 표현운동이며, 심신 즉 정신과 육체의 통합체가 되는 양식이라는 점에서는 변하지 않았다고 말할 수 있다. 그럼에도 불구하고 그 신체동작도 인간 본성에서 생기는 것이라는 생각에 뿌리를 둔다면, 본질적으로 무용은 공유하는 어떤 세계를 갖고 있다고 할 수 있지만, 이렇듯 함께 하는 세계를 이끌어내는 것은 결코 쉬운 일이 아니다. 무용이 이와같은 세계를 갖는다는 것은, 우리들이 살아가는 생활 속에서 어떠한 의미를 가져오는가를 설명해야 될 것이다. 만일 그것에 교체될 만한 표현형태가 생겨나면 자연스럽게 무용의 유형도 바뀌어졌다. 이 무용의 존재는 지금까지 아시아 각 지역을 돌아다녀본 바에 의하면, 많은 민족의 생활 속에서 대단히 중요한 것으로 그 사회와 역사, 더욱이 문화적 생성물로서 계속되어 왔음을 알 수 있다. 무용을 감상함으로써 그 문화사적 위치를 더듬을 수 있으며, 그들 민족을 이해할 수 있을 것이라 생각한다.

그런데 무용은 인간이 단순히 신체를 움직이는 것만의 운동이 아니라는 점은 물론 그러한 동작을 일으키는 내면세계와 대응하여 균형이 잡힘에 따라 여러 가지로 표현될 수 있다는 점을 신체와 하늘과 땅 사이의 관계에서 다시 생각해 볼 수 있다. 이것은 단순히 수목樹木을 외관적으로만 보는 것이 아니라, 그 수목 내부에 우리들의 혈액과 같이 수액이 흐르고 있어 활발하게 생명을 영위하고 있다. 또한 나무 밑은 단단히 대지와 접해 있고, 나무 위는 태양 · 비 등과 융합하며 자연현상에 호응하고 있는 것을 볼 수 있다. 게다가 인간은 이러한 수목에 직접 은혜를 입고 있음도 알고 있다. 수목뿐만 아니라 동식물 · 산천 · 사람 · 사물 등 만물 모두가 이러한 관계에 있다 하겠다. 이와같은 자연과 인간의 구조, 그리고 그 관계를 아는 것이 중요하다. 신체의 생명력은 이 수목의 생명력과 만물의 영묘靈妙한 힘과 서로 밀접한 관계를 가지고 있다. 아니 인간은 다른 세계로부터 신비한 반응을 받으면서, 비로소 생명이라는 것을 만들어내고 있다.

다만 수목의 생명력과 인간의 생명력에는 시간적인 차이점이 따른다. 그러나 지금은 수목과 신체, 만물이 생성되는 내면세계를 아는 것만으로 충분할 것이다. 그렇지만 형태가 있는 것은 삶과 죽음, 성공과 실패, 영화와 쇠퇴, 증감에 따른 일의 흐름과 순환이 없는 것은 아니다. 즉 신체의 외적 동작은 신체를 움직이는 내적 충동에 의해 생기는 것이다. 여기에서 신체와 자연 사이의 호응관계를 볼 수 있다.

따라서 지금까지 필자가 아시아 각 지역에서 보고 들은 여러 형태의 무용, 즉 의식을 강조한 무용, 신들이 빙의한 신성 무용, 신들에게 봉납하는 무용, 신의 가호·보호·마술의 힘을 얻기 위하여 행하는 무용, 신화와 전설을 소재로 하는 무용극 등에서 먼저 무용이 표현하고자 하는 세계를 이끌어내려 한다. 여기서는 우리들 감각과 지각으로 받아들일 수 있고 뚜렷이 나타나는 형상무용에서, 이론적으로는 어디까지나 감각과 지각에 의하여 파악가능할지라도 이것을 초월하여 배후에 숨겨져 있어 파악할 수 없는 듯한 본원을 생각해 보고 싶은 것이다. 아시아 각 지역에서 여러 민족과 만나고, 그들과 같은 시간·공간 속에서 생활을 함께하는 것은, 우선 직면하는 세계가 눈으로 볼 수 없고 귀로 들을 수 없는 세계의 존재와 그 기능을 지니고 있기 때문이다.

비일상적 세계의 무용

무용을 연출하는 행위는 우리들이 매일 생활하고 있는 일상세계와 이질된 것이라는 점은 이미 주지한 바 있다. 그것은 무용이라는 것이 일상세계가 아니라, 우리들 주위에서 생기는 여러 가지 비일상적인 현상으로 눈에 보이지 않고 파악할 수 없으며, 또한 감각으로 받아들일 수 없는 듯한 초감각세계를 보여 주고 있기 때문이라고 말할 수 있다. 그러나 신체가 표현하는 것이기 때문에 그것은 감각으로 파악할 수 있다고 말할 수 있지만, 보통 일상생활에서 떠난 시간·공간 속에서 행해지며, 인간세계와 다른 차원에서 서로 전달하는 것을 목적으로 하는 반反일상세계라 말할 수 있다. 이러한 무용이라는 행위를 통하여 우리들은 초월적 존재인 신·정령·조상 들의 영혼이나 자연계의 모든 것이 갖는 전달 (Communication), 또 한편으로는 인간끼리 갖는 집단의식의 고양, 오락을 함께 할 수 있는 전달이라는 두 가지 세계를 볼 수 있다. 이것을 무용세계에서 정리한 것이 다음에 있는 도형이다.

이 도형을 보면, 무용이라는 행위는 비일상세계의 현상이다. 그 세계는 무용을 하는 사람이 적극적, 잠재적으로 신과 정령 들의 눈에 보이지 않고(Invisible) 들을 수 없는(Inaudible) 초감각세계를, 언어를 사용하는 것이 아니라 신체 그 자체로 표현하고자 한다. 그곳에는 내부 세계와의

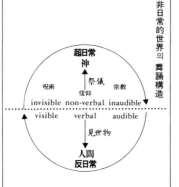

非日常的世界의 舞踊構造

超日常
神
↑ 祭儀
呪術 ⟋ ⟍ 宗教
信仰
invisible non-verbal inaudible
‥‥‥‥‥‥‥‥‥‥‥‥‥‥
visible verbal audible
見世物 ↓
人間
反日常

◉정령춤 낫트
미얀마 인간은 무용이
라는 행위를 통하여 초월
적 존재인 신들, 정령, 조
상들의 영혼이나 자연계
의 모든 사물들과 상호교
류를 도모하였다……上
◉비일상세계의 무용구
조……下

교류가 있다. 그것은 주술·민간신앙·종교 등에서 제사의식에 수반되어 행해지는 것이 대부분이고 일상세계를 훨씬 뛰어넘는 것으로 초일상세계라 말할 수 있다. 이에 대해 일상세계와 그 정도로 떨어진 것이 아니라, 거의 같은 차원 속에서 행해지는 무용은 반일상적 세계이다. 무용을 하는 사람은 같은 동료집단에 대해 눈으로 볼 수 있고(Visible), 들을 수 있는(Audible) 감각적 세계이기 때문에 감성과 함께 지성에도 호소하는 외적 표현으로 언어를 이용하고 있지만, 신과 정령에 대해서는 오히려 소극적으로 신체뿐만 아니라 다른 요소를 덧붙여서〈구경거리Spectacle〉로써 신체적·정신적인 힘을 충분히 이용하고 있다. 이것은 사람들의 오락 중심의 무대나 극장에서 행해지기 때문에 대부분 구성이 극劇적이다. 그래서 제의성祭儀性은 점차로 희박해지고, 세속성世俗性이 반영되었다. 그리고 이 세속성에 덧붙여 아름다움에 대한 의식을 갖기 시작하자 신체표현은 세련되고, 보다 예술성이 중시되었으며, 이윽고 사람들의 감상을 대상으로 하는 무용으로 발달하게 되었다. 하지만 이 예술성이 깊어질수록, 그 무용을 하는 사람들의 심적 태도에 서로 모순되고 일치되지 않는 대립된 세계, 초일상적 세계로 연결되는 움직임으로 이어진다.

즉 인간은 세속세계를 벗어나는 행위로써 비非(혹은 탈脫)일상적 세계를 무용·연극·제사 등에서 구하였지만, 그 표현의 심적 작용은 연기를 행하는 대상·목적에 따라 달라졌다. 즉 종교·주술 속에 있는 신·정령·조상 그리고 우주와 상호작용(Interaction)하는 행위가 안쪽으로 구심점을 이룰수록 연회자의 세속성은 단순히 반反세속적인 초월 행위를 할 수밖에 없다.

그러기 위해서는 일상적 행위 속에 반세속적 행위가 내재되어 있지 않으면 연회자가 공연할 때 그 세계를 표현하기 어려울 뿐만 아니라 거의 불가능하다.

예를들면 제사에서의 〈정성이 깃들다〉라는 것은 제사에 참가하는 사람의 몸과 마음이 청정한 데에 있다. 즉 심신이 청정하지 못하면 제사를 지낼 자격을 갖지 못한다는 것이다. 남인도의 제사무용 부타·티얌과 무용극 카타카리는, 얼굴에 가부끼(歌舞伎)에서 쓰이는 쿠마도리限取(가부끼에서 배우의 얼굴 표정을 과장해서 분장할 때 청색·홍색의 선을 그림)와 같은 분장을 장시간에 걸쳐서 하는 동안에 세속적 세계를 벗어

◉티얌의 분장하는 모습
연희자는 오랜 시간에
걸쳐서 분장하는 동안에
속세에서 신성세계로 이
동되는 것이다……上

◉부타의 분장
인도……中

◉카타카리의 분장하는
모습……下

◉무용극 카타카리
인도……上

◉야쿠샤가나의 분장하는
모습
인도의 케랄라주……下

난다. 그렇게 하면 신들의 무용을 할 수 있다고 믿었다. 발리섬의 의식무용은 단순히 의식과 함께 행해지는 무용이 아니라 연희자인 신神들, 성스러운 자에 대한 헌신의 정도를 신체로 뚜렷이 나타내고자 하는 것이다. 그곳에서는 일상생활 속에 있는 성스러운 행위가, 의식 속에서 무용이라는 형태로서 나타나는 것이었다. 이러한 의식무용을 연출해내는 사람은 세속적인 생활 속에서 성스러운 생활을 만들어내는 것이 아니라, 오히려 태어나서부터 죽을 때까지 성스러운 생활을 영위하며, 그 속에 속된 생활을 포함하는 것이라 말할 수 있다.

이에 대해, 신과 정령이라는 성스러운 시간·공간 속에서의 무용이 아니라, 완전히 세속적 생활 속에서 또한 노동 뒤의 오락으로 연출되는 무용은 반일상적인 행위이므로 신분·계급에 상관없이 연희자는 어떠한 인물로도 변신할 수 있다. 농민이 왕이나 대신·지주가 될 수도 있으며, 때로는 신·조상이 되어 악덕한 인물을 징계하는 일까지도 할 수 있다. 이런 경우에는 관객이라기보다 연희자 스스로가 즐기는데, 즉 다른 사람이 된다는 기쁨만으로 만족한다. 그렇지만 관객을 상대로, 보여준다는 의식이 부각되면 한층 더 뛰어나고 교묘하게 연기할 모습을 여러 가지로 골똘히 궁리하게 되고, 감상시키려는 의식이 싹틀 것이다. 그러한 미적인 의식이 강해짐에 따라 반일상적 행위에서 어떻게든 일상을 탈피하지 못한다면 그 아름다움의 경지에 다다를 수 없음을 알았을 때, 연희자에게 예술가로서의 의식이 작용하게 된다. 예술가라면 이미 일상적 생활을 초월한 세계를 갖고 있지 않으면, 그가 표현하는 것은 조금도

◉야쿠샤가나

　　성스런 시·공간인 무

　　용에 대한 순수한 오락으

　　로서의 무용도 역시 반일

　　상적인 행위이다……上

◉야쿠샤가나의 분장실

　　무용수는 무대 뒤 분장

　　실에서부터 이미 무용의

　　세계로 들어간다……下

우리들 마음을 움직이지 못한다. 그 아름다움의 극치인 표현태表現態를 새로이 만들어내는 데는 혹독한 수련없이는 이룰 수 없으며, 일상생활에서의 심신수련의 결과가 우연하게도 그것을 낳는 계기가 되기도 한다. 그것은 종교무용과 마찬가지로, 심신수련은 내면에서 구할 수 있는 것이라 말할 수 있다. 이것은 그들이 무대에서 관객을 상대로 춤추지만, 관객에게 자신이 만들어내는 신체의 움직이는 모양을 보여주고자 하는 의식은 어느새 없어져 버리고, 정말로 무한한 에너지와 하나가 되는 것이다. 즉 무용의 신과 함께 시간과 공간을 춤추는 것이다. 이렇게 해서 무용가는 일상적 세계를 초월함에 따라, 주술·의식무용에서 볼 수 있는 세계와 같은 세계를 가질 수 있게 된다.

무용의 성스러움과 속됨

무용이 비일상적 세계 속에 있음에 따라, 우리는 두 개의 세계(일상과 비일상)를 인식하였다. 이 두 현상의 세계를 종교적인 관점에서 다루고자 한 에밀 듀르켐Emile Durkheim의 성속이원론聖俗二元論은 이미 잘 알려져 있다. 그리고 이 이론을 바탕으로 무용세계를 보려는 시도가 이루어지고 있다. 일찍이 반 델 레와 G.Van der Leeuw는, 모든 예술의 근원을 무용에서 찾았지만, 예술이란 시대가 내려감에 따라 성聖(성스러움)과 俗(속됨) 두 가지의 형식으로 나누어졌고, 영적인 드라마와 세속적 드라마로 분화되었다고 생각하는 듀르켐의 이원론과 동일한 학설을 취하고 있다. 이러한 학설을 근거로 한 우리 사회생활 속에 반영된 사례는 많은 인류학자와 민족학자 들에 의해 입증되고 있다. 듀르켐에 따르면, 이 성스러움과 속됨은 서로 성질이 다른 절대대립관계에 있으며, 이것은 또한 제사의식을 중심으로 하는 성스러운 세계와 노동을 중심으로 하는 세속적 세계로 구별할 수 있다고 한다. 이것은 앞에서 필자가 지적한 무용의 비일상세계의 超초일상과 반일상의 운행과 서로 대립하는 세계가 되어 버린다. 그러나 일상 행위가 아닌 무용의 비일상 행위는 점차로 혼돈에서 만물이 생성되는 것같이 여러 가지로 발달하였지만, 그 양극에서 신체의 표현형태가 추구하는 것은, 결국 또다시 동시에 연결되는 둥근 고리 모양의 세계 속에서 聖俗성속의 개념은 분리시킬 수가 없다. 특히 필자가 인도네시아 발리섬에서 현지답사를 하던 중에 이 성속이원론에 의문을 갖기 시작했다. 발리섬 사람들에게 성스러운 것과 속된 것의 구별이 확실히 이루어진 후에 무용과 극이 연출되고 있는가 하면 그렇지 않은 경우도 있었다. 매일같이 오다란(제례)이 개최되고, 무용과 극이 제례와 불가분의 관계가 되어 연기되고 있다. 그렇지만 제례가 성스러운 시간·공간이라 하더라도, 그 성스러운 시간·공간에 이르기까지 인간의 정신적인 것은 일찍부터 신들, 조상, 눈에 보이지 않는 갖가지 정령을 위한 헌신의 연장으로 생각하기보다 오히려 성스러운 시간·공간 속에 일상 행위인 속된 것이 존재하는 것이다. 또한 종교적 제사의식에서는 의식으로서의 세속성은 거의 인정되지 않지만, 그것이 세속 무용이 되어 버린 것일지라도, 무용을 거행하기 전에는 정신면에서의 겸허한 심적 태도를 볼 수 있으며 일종의 의식이 되고 있다. 이와같이 극적인 구성을 지닌 무용이 차례로 전개되지만, 그 상연은 또다시 의식 속에서 끝나버린다는 구별이 있는 것이 아니라 끊임없이 성스러움과 속됨이 번갈아 작용하고 있다.

이것은 남인도 케랄라주에서 본 야쿠샤가나라는 무용극을 조사할 때도 느낀 바 있다. 트리츄르가에서 한 시간 남짓 차를 타고 보러 갔던 마을의 공연은, 1981년에 조사할 때 본 카루나타카주 만다루티 마을의 야쿠샤가나와 달리 공연공간은 단지 땅 위 사방에 가느다란 나무로 칸막이를 치고, 망고잎을 끼운 밧줄의 성스러운 공간이 무대였다. 사원의 정원에도 있지만 상설 무대는 아니다. 연희자는 사원 뒤에서 분장을 하는 동안에 신화 속의 영웅·용사·악마로 변신하지만, 연희자가 화장과 옷입기를 마치면 연극의 신인 가나파테이(가네샤)에게 찬가를 올린다. 그뒤 여자 모습으로 분장한 무용수가 사원의 신에게 오늘밤 공연물에 대한 축복을 기원하며 신전 중앙을 빙글빙글 돌고 무대 뒤 분장실로 되돌아가면, 그 중 두 명의 여자역을 하는 남자 배우가 무대로 등장하여 신을 향한 헌신의 춤을 춘다. 그후 두 명의 어릿광대가 이제부터 시작하는 이야기를 익살스러운 몸짓과 해학이 넘치는 말솜씨로 연기하며 춤춘다. 그들이 춤추고 있는 위쪽에서는 신가神歌가 불리워진다.

이처럼 야쿠샤가나 무용극 현지답사의 초고를 써가다 보면, 아까부터 말하던 성스러움과 속됨이 번갈아 작용하고 있음을 알게 된다. 그것은 마치 우리들이 숨을 쉬는 것처럼 성스러움과 속됨은 들숨과 날숨으로 연결되는 숨쉬기와 같은 것이다.

우주 리듬과 신체 리듬

무용은 우리들의 언어를 초월할 수 있는 세계이다. 그것은 언어를 대신하는 표현형태라 말할 수 있다. 물론 언어를 매체로 하지 않는 다른 예술인 회화·조각·음악 등과 비교해 보면 무용만큼 직접적이며 활동적인 표현 전달력을 갖고 있는 것은 없을 터이다. 이 무용에 있어서 강력한 힘은 무엇에 의하여 생겨나게 되는 것인가. 또한 무용에서 보이는 신체형태는 무엇을 표출·표현하고 있는 것일까. 그리고 우리들은 그곳에서 무엇을 보아온 것일까, 아니 본 것일까. 필자와 무용의 만남은 아시아 여러 지역에 살며, 무용이 행해지는 시간과 공간을 그들과 함께 하는 속에서 시작되었다. 그리고 항상 필자의 머릿속에 떠오르는 것은 모든 무용이란 우리들 인간에게 있어 무엇인가 하는 소박한 물음이었다.

이러한 물음에 대답하고자 하는 것은 결코 쉬운 일은 아니겠지만, 아시아 여러 지역 사람들과 함께 생활하다 보면, 자신이 자연 속에 존재한다는 것을 알게 된다. 그래서 자연과 대화하는 가운데에서 마음에 떠오르는 미묘한 세계를 밖으로 나타내려 하고, 형상화하려 한다. 자신이 마음 속에서 보고 들을 수 있는 세계를 신체로 나타내려고 한다. 그 신체 동작은 인간의 내면적 세계가 모습을 나타낸 것이다. 물론 그 신체 동작을 일으키는 계기는 자연으로부터 생겨난다. 그 자연계의 모든 사건이 고대 사람들 아니 반문명화된 사람들의 마음 속 느낌이나 생각이 밖으로 나타나는 것이, 유기체인 신체를 통해 표현되는 몸짓임을 알 수 있다. 더욱이 자연계의 규칙적인 리듬이 인간의 행동 리듬을 생겨나게 한다. 모든 자연이 호흡하고 있다. 그 미묘하고 눈으로 볼 수 없는 자연의 호흡은 인간이 숨을 들이마시고 내뱉는 것과 대응하고 있다. 맥박과 호흡이 언제나 바른 리듬을 지니는 것도, 자연과 함께 존재하는 탓일 것이다. 즉 우리들의 신체 움직임은 자연에서 감응받고 감화된 심상을, 자연의 리듬을 지닌 형상으로 뚜렷이 나타내는 것이다. 또한 인간의 신체 움직임은 자연의 영향을 받고, 자연이 지닌 에너지가 인간 신체 기능에 호응하여 뚜렷이 모습을 나타내는 것이다.

　　고대 인도의 무용이론서로 알려진 난디케슈바라Nandikesvara의 《아비나야다르파나Abhinayadarpana》는 〈몸짓의 거울The Mirror of Gesture〉로 번역되어 있다. 인간이 창조하는 몸짓의 동태는 자연계에 스며들어 눈에 보이지 않는 에너지가 조용히 한 곳으로 모여들어 그것이 신체를 빌려서 진짜 모습을 실제로 보여주는 것이다. 그것은 자연계의 정체가 신체를 매개로 운용되는 것이라 말할 수 있다. 그러므로 몸짓을 봄으로써 우리들은 자연계에 스며있는 에너지를 알고, 그것을 느낄 수 있는 영묘한 힘을 얻는다. 〈몸짓의 거울〉이란 그 운용을 조절하는 정지된 존재의 근본적 실체인 것이다. 거울은 삼라만상을 있는 그대로 비춘다. 단지 그곳에 비춰진 것을 여러 가지 척도·기준으로 보는 것이 우리들 심성인 것이다. 이 인간 본래의 심성은 완전히 순수하다. 그러니까 만물의 영장이 될 수 있었던 것이다. 동식물, 산천초목 모두가 천지·음양의 조화 속에서 생겨났지만 유독 인간만이 영묘한 작용을 하는 것은, 마음에 영묘함이 있는 탓이리라. 그리고 우리들은 이 영묘한 마음을 가지고 우주의 근원적인 움직임을 나타낼 수 있는 뛰어난 자질을 타고났다. 그 능력을 발휘하는 마음의 영민함이, 만물 중에서 가장 영묘하여 영령의 우두머리가 되는 것이다.

물론 아시아 여러 지역에 살고 있는 인도네시아의 자바인·발리인·순다인, 또는 말레지아 계통의 원주민, 인도의 여러 민족 사람들은 지역이나 종족에 따라서 혈통이나 계통도 다르므로 같은 얼굴을 가진 사람은 거의 없다. 게다가 신체나 정신도 닮지 않은 것은 오랜 관습에 의한 것으로 그것이 유전으로 이어진 까닭일 것이다. 무용에 관해서도 같은 표현을 하는 사람은 없다. 모두 개개의 독특한 세계를 표현하고 있을 뿐이다. 그러나 인간은 본래 고유한 본성을 갖고 모두 순수하고 착한 마음을 타고났다고 생각한다. 그래서 착한 성품이 움직이면 착한 마음이 생기는 것이다. 우리들의 육체는 이 마음과 눈으로 볼 수 없는 것으로 연결되어 있다. 요컨대 형태를 지닌 신체는 반드시 형태가 없는 것으로 운용되어야 하며, 신체와 정신의 관계이기도 하며, 정신의 운용이 신체

하나하나의 움직임이라 할 수 있다. 이 정신을 영혼이라 바꾸어 말하는 쪽이 이해하기 쉬울지도 모른다. 형태가 있는 것은 거짓이며 속이 텅 비었으며 조잡하고 거칠며, 그것은 〈움직임〉(動)이다. 그러나 그 유형인 것을 운용하는 무형의 정신, 즉 영혼은 심오하고 진실하며 영원히 변하지 않는 〈고요함〉(靜)이다. 우리들은 신체로 표현하는 움직임으로써 무형인 영혼의 근원적인 에너지와 합일하여, 우리의 영묘한 마음을 거짓 되고 악한 것으로부터 성스럽고 바르고 선한 것으로 바꿔나가며, 마음에 서 생겨나는 사기邪氣를 없애고 먹구름이 창공을 뒤덮기 전에 변화시켜 평화롭고 안온한 순간을 창출해내는 것이 무용이 아니었을까 한다. 그리 고 이와같은 무용은 인간의 마음을 수양하는 비결을 지닌 원초적인 의례 로서, 오랫동안 공연되어 온 것은 아니었을까. 그기 위해서는 자연을 이루는 우주에너지와 호응하는 속에서 창조되어 온 것이다. 이윽고 무용 이 무의식으로부터 의식화된 형식·양식을 갖고, 모방된 것은 훨씬 뒤의 일이다. 우리들은 신체가 상하좌우로 도약하고 움직이며 도는 운동 속에서 우주를 볼 수도 들을 수도 있는 것이다. 자연 사이에서 태어나고 자란 인간 만이, 이 심상을 깨달을 수 있고 호응할 수 있는 것이다. 누구나 춤추는 것으로 우주에너지가 넘쳐흐르는 세계를 표현하였다.

　이와같이 보면 다양한 무용에서 신체 행위는 그 주변 자연계와 갖는 관련에서 찾지 않으면 안 될 것이고, 사람들의 일상 행위도 제사의식에 서 엄숙한 동작 하나하나를 받아들인 것이나 더욱 극적인 요소가 포함된 무용도 결국은 자연과의 관계를 어떻게 지속시켜 왔는가를 고찰함으로써

◉죠그자카르타의 궁정무
　용
◉인도네시아　정태에　의
　하여 우주적 에너지를 무
　용화한다……上
◉오리시
　인도……下

조금씩 해명될 뿐이며, 그것이 개개인·촌락사회 또는 민족이나 세계적 견지에서 볼 때 무엇인가를 알게 되는 것은 아닐는지. 환언하자면 각 지역에서 행해지는 무용의 표현형태가 개인·사회·문화를 형성하며, 세계를 창조하는 불가사의한 힘을 지니고 있는 것이라 할 수 있겠다.

우주의 신체화

무용은 우주 전체를 표현해낼 수 있다. 우리들은 무용을 감상함으로써 언어로 표현할 수 없는 형이상形而上의 세계를, 또한 일상생활을 둘러싸고 있는 자연계를 우리들의 신체로 만들 수 있다. 인간이 감응하는 세계와 신체 행위로밖에 교류할 수 없는 시간과 공간이 무용을 창조하는 것이리라. 또한 유희 본능을 타고난 인간이야말로 모든 세계를 신체화할 수 있을지도 모른다. 그리고 춤추는 것으로 스스로에게 없었던 또 한 사람의 자신을 창조하는 능력을 알기 시작한다. 인간이 본능으로 갖고 있는 무엇인가를 모방하고 혹은 흉내내는 정신이 신체화되는 것이라고도 말할 수 있다.

인도 무용에 오리시라는 것이 있다. 몇 가지 공연 내용 중에 〈열 가지 화신〉(다자바타라Dashaavatara)이라는 것이 있는데, 신이 인간을 구제하기 위하여 동물과 인간의 모습으로 변하고 그 화신을 무용화한 것이다.

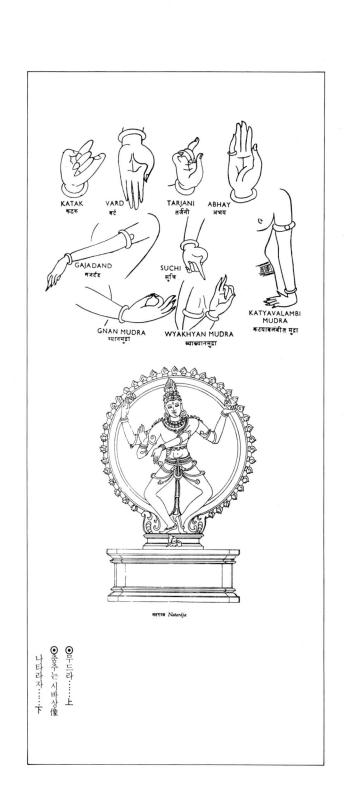

KATAK
फटक

VARD
वर्द

TARJANI
तर्जनी

ABHAY
अभय

GAJADAND
गजदंड

SUCHI
सुचि

GNAN MUDRA
ग्यानमुद्रा

WYAKHYAN MUDRA
व्याख्यानमुद्रा

KATYAVALAMBI
MUDRA
कटयाबलंबीत मुद्रा

नटराज *Naṭarāja*

◉무드라……上
◉춤추는 시바상像
나타라자……下

화신化身(신들이 모습을 바꾸어 이 세상에 나타난 것)은 물고기·거북·멧돼지·반인반사자半人半獅子·난쟁이 그리고 신화 속의 인물인 파라슈라마·라마 왕자·바라라마 부처이다. 열번째는 아직 이 세상에 나타나지 않았지만 곤란할 때는 말을 타고 나타난다고 한다. 화신의 무용은 주로 무드라Mudra라는 손가락을 상징적으로 사용하여 표현하는 것으로, 그것은 신체 전체가 격렬하게 움직이는가 하면 어느 때는 천천히 신을 표현하는 듯한 우아한 모습으로 춤추는 것이다. 물론 물고기와 거북, 더욱이 멧돼지 등의 모습을 그대로 연희로 흉내내는 것이 아니라, 동물을 연기할 때 그 동물의 정신을 신체화하는 방법을 연희자들이 여러 가지로 궁리하였다. 그것이 우리들을 매혹하는 불가사의한 세계를 만들어내고, 그래서 우리들도 화신인 동물이나 신화상의 인물과 만날 수 있다. 연희자는 화신으로 변하는 사이에 연희자 자신의 정신 속에서, 이제까지 느낄 수 없었던 자기의 능력이 자신 이외의 세계를 춤추므로써 어떠한 형태로도 표현할 수 있다는 것을 알게 된다.

이와같이 모든 무용이 우리들을 유혹하는 것은 언어로 표현하기 전부터 아직 모르는 세계인 우주를, 그리고 이미 알고 있는 동식물의 세계를 인간의 신체 움직임으로 나타내는 것을 감응하기 때문이라 말할 수 있다. 그 우주, 동식물과 인간이 근원적으로 상통하는 공유共有 혹은 공통되는 세계와 만나고 느낌이 일치하는 곳에서 자신의 또 다른 세계를 발견할 수 있는 것은 아니었을까. 인간의 신체가 소우주(Microcosmos)라 불리우는 것도, 대우주(Macrocosmos)에 넘쳐흐르는 자연계의 리듬이 유기적인 신체로도

◉한국의 무용수가 춤추는 그림

존재하기 때문이며, 천지와 인간 사이에서 분명히 서로 호응하는 관계를 찾을 수 있기 때문이다.

인도의 무용왕 나타라자Nataraja(나테스바라Natesvara라고도 한다)는 우주 리듬을 발로 표현하고, 공간을 손으로 뚜렷이 나타내고 있다. 그 모습이 춤추는 시바신으로 알려져 있다. 그 무한하게 춤추는 모습은 형태가 없어서 눈으로 볼 수 없고 받아들일 수 없는 초감각적인 우주에 넘쳐흐르는 에너지가 모여 굳어져서 형태를 띠고 모습을 나타낸 것이라 생각하는 쪽이 좋으리라. 격동적인 발의 움직임은 탄다바라는 남자답고 열렬한 무용을 만들어냈고, 유연한 손의 움직임은 여성답고 우아한 춤을 만들어냈다. 이와같이 생각해 보면 춤이란 신체에 따른 표현태이며, 신과 사람이 합쳐 하나가 되는 세계인 것이다. 그리고 신체가 표현하는 무용은 실제로 우주의 동태이며, 우주의 신체화라고도 할 수 있다. 다시 말하자면 그것은 우주를 비추는 〈몸짓의 거울〉이기도 하다. 이 몸짓의 거울은 우주의 실상 그 자체를 반영하며 결코 허상은 아니다.

무녀巫女가 주술사(Shaman)로서 제사에서 신들과 교령交靈(죽은 이의 영혼이 살아있는 이와 서로 통함)하고 신탁神託을 진술하는 것은 잘 알려져 있다. 그 무녀에게는 신과 교령하는 영혼의 능력이 부여되어 있고, 신이 내렸을 때 신체의 떨림과 움직임에서 누구나가 신의 행위를 보아왔다. 그 무녀의 동작을 신 자체로 여긴다. 그러므로 눈으로 볼 수는 없지만 우리의 생활을 파괴하는 사악한 것을 제거한다고, 오늘날에도 그러한

● 대만의 여자 탕키
천지를 이어주는 사람
은 많은 군중의 면전에서
신과 교령한다.

영술능력 행위를 믿고 있는 민족이 많다.

　고대 조선에서 무녀는 자연까지 움직일 수 있었다. 고려시대(918~1392년) 이후에 여기저기에서 볼 수 있는 무속문헌에 무녀가 기우제를 행하였다는 기술이 보인다. 무녀는 옛날부터 기우祈雨·기자祈子·기은祈恩·성황城隍·별신別神·안택安宅 등 복을 기원하는 제례의식에 참여하고, 또한 질병·액막이 등을 행하고 있다. 특히 기우제는 산꼭대기가 하늘과 가까운 곳이므로 인간의 경건한 마음을 하늘에 전하기 쉽다고 생각하여 옛부터 무녀가 가장 천신天神에게 경건한 사람이었으므로 산꼭대기에 올라가 하늘에 제사지냈다. 그 산꼭대기에서 무녀는 나무막대를 손에 들고 신과 교령하며 주술적인 춤을 추었다고 한다.

　또한 중국에서는 가뭄이 계속되어

논밭이 갈라져 백성이 고통을 겪을 때 무왕이라는 기우제를 담당하는 직능자職能者가 기우를 빌었지만, 노나라 왕인 희공僖公은 그 무왕의 기원이 이루어지지 않자 그 여인을 백성들이 보는 앞에서 불에 태워 죽였다는 기록이 《춘추좌씨전春秋左氏傳》에 남아있다. 고대는 왕이 하늘을 대신하는 지배자였으므로 비도 내릴 수 있었을 테지만, 이 기우제는 무녀가 집행했던 것 같다. 왕은 가뭄이 들면 청동 제기를 신에게 올리고 엄숙한 의식을 행하는 것이 주요 임무였으며, 그에 대해 무녀는 기원의 주술을 외울 뿐 아니라 약동적인 육체에 의한 동작으로 신에게 기원을 드렸던 것 같다. 이 무녀의 기원이 왕의 의식보다 활동적이었던 것을 상상할 수 있다. 무녀는 염천하에서 춤추며, 옷을 휘날리면서 작열하는 태양 아래에서 나체를 햇볕에 드러내놓은 모습은 파멸을 상징하는 것으로, 그렇게 함으로써 비를 내리게 한 것이었다.

이것은 다른 견해에서 보면, 연극의 원초적인 형태를 보여 준다. 즉 연극의 양의성兩義性인 성속, 즉 신성한 것과 인간적·동물적인 것을 볼 수 있기 때문이다. 여기에는 왕의 엄숙함·장중함·단정함·바르고 우아함과 정적인 것과 무녀의 야비함·열광적임·미친 듯이 떠들어대는 동적인 것 등의 두 가지 요소가 보인다. 그러나 왕과 무녀를 이와같이 구분하는 것은 간단하지만, 왕과 무녀는 각각 양의적兩義的인 성질이 있음을 인지하고 있어야 된다. 부언하면 단정하고 정적인 왕의 마음 속에는 동적이고 약동하는 에너지가 없으면 안 되었을 것이고, 피부를 공공연히 드러내놓거나 광적인 동태를 보여 주는 무녀에게는 신을 향한

◉레곤댄스
발리섬 소녀들의 춤.
즉 바로 신 자신의 춤이
다. 일상성에 내재되어
있는 영력이 현현되는 무
용이 많이 있다……上

◉우파차라
발리섬의 사눌 마을.
마을의 중년 남녀가 가멜
란 연주에 맞추어 제물을
사원에 바치고있다……下

헌신이 일반 사람들보다 강하며, 그 신성도神聖度를 보여주는 정적인 상태가 있어야만 비로소 춤출 수 있기 때문이다. 그곳에는 고요한 상태인 마음의 안정이 없다면 움직이는 상태의 춤이 충분한 효과를 발휘하지 못한다. 우리들 대부분이 무용을 성스러운 것과 속된 것, 아름다운 것과 추한 것, 실상과 허상 등으로 나누어 감상하려 하지만, 무용에서나 연극에서는 본래 이처럼 두 가지 측면으로 나눌 수는 없다. 오히려 서로 상반되고 모순되는 양면을 동시에 갖추고 있는 것이 본질일 터이다. 그것은 눈과 귀 등의 감각을 즐겁게 해주는 표면적인 것뿐만 아니라, 무언가 인간 마음의 깊숙한 곳에서 혼을 불러일으키는 이른바 종교적이고 내면적인 감응이 필요하며, 또한 신비한 기적도 실상은 사람들을 기쁘고 즐겁게 해 주는 무용이나 연극적 표현으로 나타낼 수 있다고 말할 수 있기 때문이다. 결국 무용과 종교적인 것은 분리시켜 생각할 수 없는 것이다.

그런데 다시 한 번 고대 중국의 〈악樂〉에 대한 생각에 귀기울여 보는 일도 결코 의미없는 일은 아닐 것이다. 즉 자연현상과 사회현상은 동일하며, 이 세계를 지배하는 원리는 〈악〉 즉 가무歌舞 연극의 리듬과 같다. 이 세계는 해와 달의 운행, 국가의 정치, 사회의 풍속 등 대부분 가무연극의 리듬에 의해 비로소 조화가 이루어진다. 따라서 가무연극은 우주자연의 올바른 리듬에 따라 조절되지 않으면 안 되었다. 그리고 천하를 다스리는 왕이 결코 가무연극을 소홀하게 다루지 않았던 점은, 만일 소홀히 다루면 나라가 혼란해지고, 사회질서가 어지러워진다는 데 바탕을 두었기 때문이다. 우주 리듬과 조화를 이루는 올바른 가무연극 리듬인 〈악〉은 사람의 마음을 도덕으로 감화하는 〈악〉이므로 〈아악雅樂〉이라 칭했다. 한편 순조로운 자연의 리듬에 역행하는 〈악〉은 백성·국가·우주를 어지럽히는 것이므로 〈음악淫樂〉이라 부르며 배척하였다. 이러한 생각은 나중에 일본에도 전해졌다. 그렇지만 이것은 〈악〉이 지닌 양의적 성격을 말하는 것이지 결코 〈음란한 음악〉이 되어버렸다는 것은 아니다. 사람이 살아가는 데 있어서 이러한 일면은 마음에 자유스러움을 불러일으킨다. 그러나 정도가 지나쳐서는 안 될 것이다.

이처럼 무녀·박수·주술사·제사장 등의 영술자靈術者는 하늘과 땅 두 개의 세계를 누구보다도 잘 알고 있다고 믿어왔다. 그렇지만 자신이 영적인 능력을 갖고 있다는 것은 사람들 앞에서 그것을 나타냄으로 이루어질 뿐이다. 즉 사람들 앞에서 신과 교령하는 것을 나타내지 않으면 안 된다.

인도네시아 발리섬에 전해지는 산얀이라는 주술의식무용에서, 무녀라든가 사제자司祭者 같은 영술자는 없고 평범한 마을의 소녀에게 신들이 빙의한다. 그러므로 소녀는 사원(푸라)에서 본래의 영적능력을 쌓는 수련을 한다. 그때 마을 어른들이 영신가迎神歌를 부르는 동안에 사제 앞에서 신과의 교령이 이루어졌다. 그 사이 소녀들은 자신의 집으로 돌아가는데 그때 결코 사악한 영혼이 숨어있는 잠자리에 기어 들어가면 안 되고, 공물로 올릴 음식을 먹어도 안 되며, 사람들과 대화를 나누는 것도 세심하게 신경을 써야 하고, 사람과 만날 때 소홀히 대하지 않는 등의

금기(타부) 사항이 주어졌으며, 이것은 모두 자신의 영혼을 사악한 것과
마주치지 않도록 하기 위함이었다. 그 동안에 죽은 이의 영혼이 살아있
는 이와 서로 통할 수 있도록 준비되는데, 사람들은 그 교령 즉 빙의한
것을 소녀의 춤 동작을 통하여 알 수 있었다. 신의 덕을 칭송하는 노래
를 부르는 도중에 소녀는 향이 타오르는 화로 앞에서 신체를 좌우로
천천히 흔들면서 잠자던 상태에서 일어난다. 두 명의 소녀는 남자 어깨
위에 세워져서 그 자리를 떠난다. 어깨 위에 올려놓는 것은 부정한 대지
에 신체를 내려놓을 수 없다는 청정관념 때문이었다. 그때 두 명의 소녀
는 천천히 신체를 비틀 듯이 움직인다. 소녀의 발목은 단단히 조여있지
만 그 두 소녀의 곡선을 그리는 듯한 움직임은 완전히 똑같다. 한 명의
소녀가 아니라 두 사람이 같은 동작을 한다. 그 동안에 춤추는 곳으로
데리고 온다. 그러면 신이 내리는 의식 때 입었던 저고리와 속옷 사이에
입는 짧고 하얀 옷을 무용극 레곤의 의상으로 갈아입고 두 사람은 레곤
을 춤춘다. 이때 두 사람은 대칭을 이루며 움직인다. 이와같이 신은 두
명의 소녀에게 신이 빙의하였음을 사람들 앞에서 보여 주는 것이다.
게다가 두 소녀의 움직임이 완전히 똑같고, 그 소녀가 이제까지 한 번도
무용 연습을 한 적이 없는 데서 사람들은 신이 스스로 춤추고 있는 것을
그곳에서 보게 된다. 그렇게 함으로써 신령이 마을에서 일어나는 부정한
영혼의 힘을 다스리는 모습을 보는 것이다.

　이와같이 발리섬에서는 신들과 교령하는 것은 특별히 무녀라든가 사제
만이 할 수 있는 것이 아니라, 마을 사람이면 누구나 마음이 깨끗한

사람은 일상생활 속에서 성스런 영력靈力을 항상 지닐 수 있음을 믿고 있다. 그러므로 매일 아침 사악한 것에게 공물을 만들어 바치고, 사람들과 조화를 이루는 것을 중요하게 여기며, 자연계의 동식물과 대화를 나누며 자신의 경건한 정신을 유지하고자 한다. 이것은 인간이 본래 갖추고 있는 성스러운 것과 속된 것의 조화를 이룸에 따라 비로소 자기가 존재하게 된다고 생각했기 때문이다. 마찬가지로 인간이 사는 세상에서도 같은 원리가 적용되며, 산의 방향을 마주 보고 있는 지형을 신성시하였고 바다로 향하는 지형을 부정하게 보았다. 이것이 마을의 건축물 방위를 제한하였고, 사람들의 동작이 점차로 일정 방위에 대해 제한을 갖게 하였다. 집에서 모친은 종종 아이들에게 「더러운 물은 남쪽으로 버리거라」고 일렀다. 이것은 발리섬 남부에 사는 사람들에게 남쪽, 즉 바다 쪽은 부정을 의미하는 방위였기 때문이다. 이 방위 감각에 익숙치 않으면, 발리 무용이나 가멜란 연주를 능숙하게 할 수 없다고 여겼다. 발리 무용연습 때 선생(구루)은 학생에게 「왼발을 동쪽으로 한 발자국 내밀고 오른발은 서쪽으로 향하시오」라고 한다. 학생은 어느쪽이 동쪽이고 서쪽인지 구분하지 못하면, 무용을 신체화할 수 없었다. 가멜란 연주 때도 「동쪽 건반을 두드리시오」라고 한다. 여기에서 인간의 신체가 신성한 산 〈구눈 아군〉의 방위를 중심으로 운동화됨을 나타내고 있다.

일찍이 발리섬의 사회·문화를 조사했던 아메리카의 문화인류학자 쟌 벨로Jane Belo는 흥미있는 보고를 하였다. 어떤 여덟 살 된 남자아이가 무용을 배우기 위해 자전거를 타고 선생의 집으로 갔다. 도중에 그

아이는 방위를 잃어버렸다. 이것을 발리섬에서는 〈파린〉이라 말하며, 신체가 방위 감각을 잃어버리면 정신상태도 불안해진다고 한다. 선생의 집에 도착하고 나서 며칠이 지나도 방위 감각이 돌아오지 않았기 때문에, 무용연습 시작을 할 수 없었다. 그래서 이 아이는 자기 마을로 되돌아와서 처음부터 다시 선생의 집까지 가는 절차를 상세하게 배워 출발했지만 그래도 방위를 알 수 없었으므로, 그 아이의 정신상태는 이전보다 더 악화되어 결국 음식도 먹지 못하고 밤에는 잠잘 수도 없게 되었다. 그러한 모습을 보고 있던 마을 사람이, 이 아이를 선생의 집에서 데리고 나와 북쪽에 솟아있는 〈구눈 아군〉이 보이는 곳까지 데리고 갔다. 그러자 그 아이는 간신히 방위 감각을 되찾아 무용을 배울 수 있었다고 한다. 이것은 무용하는 사람에게 어떻게든 방위가 일상생활 속에서 신체화되어 있지 못하면, 연기하는 것조차 불가능함을 가르쳐 주고 있다.

우리들의 신체는 일상 속에서 어느 사이엔가 자신의 신체 동태를 만들어냄을 느낄 수 있다. 그것은 신체적으로 습관이 되어 나오는 것이지만, 발리섬 사람들만큼 산과 마주 보는 신성한 방위와 바다와 마주 보는 부정한 방위가 신체화되어 있는 민족은 없다. 그것은 제사의식 때 천계天界와 하계下界를 향하여 예배드릴 때의 움직임에서도 나타난다.

1976년에 뉴피(Nyepi)라 불리는 새해맞이 제례의식이 행하여지는 마지막 날 밤(일본의 섣달 그믐에 해당한다), 사눌 마을에서 우파챠라라는 무용을 보았다. 이것은 의식적 요소도 강하지만, 오히려 연극적 짜임새가 전혀 이루어지지 않는 것으로, 인도 무용에서 볼 수 있는 누릿타와 같이 순수무용이다. 즉 인간의 신체의 수족 부분으로 의미를 표현하는 것이 아니라, 단지 마음에 품고 있는 것을 밖으로 나타내는 것에 가깝다는 쪽이 적합할 것이다. 이 우파챠라는 마을의 중년 남녀가 공물을 손에 들고 가멜란 연주에 맞추어 계속해서 들고 나오는 공물을 사원 쪽으로 바치는 신체 동작뿐이다. 그때 춤추는 손의 중심 방향은, 성스러운 산 맞은편에 세워져 있는 마을의 사원을 중심으로 마치 빨려 들어가듯이 공물을 들고 춤춘다. 그것은 사원에서 제사지내는 지성신至聖神 산얀이 마치 춤추는 마을 사람을 손짓하여 불러들이는 것 같다. 이것을 몇 번 반복해서 행하는 동안에, 산에 대한 수직적 사고를 가졌던 신과 인간의 관계가 신체 동태를 통하여, 오히려 수평적인 동태가 되어 그 관계를 거듭 결속시켜 준다.

　이 상반되는 수직과 수평을 서술하는 것은 실은 그러한 생각이 일상생활의 모든 면을 동태화한다고 생각하기 때문이다. 즉 산을 신성하게 보는 신앙은, 신은 하늘에서 내려왔다는 이미지에 바탕을 둔다. 천상에 가까워지려는 움직임이 상승하려는 움직임을 생겨나게 하였고, 천지간을 연결짓는 행위가 되어 뛰어오르는 운동을 생겨나게 하였으며 그것이 춤이라는 동태를 발달시킨 것이다. 그러나 이 뛰어오르는 모습이 생겨나기 위해서는 어쨌거나 밟는다고 하는 움직임이 없으면 안 될 것이다. 이 움직임이 없이는 높이 뛰어오를 수가 없기 때문이다. 즉 수직적 사고는 발의 동태를, 정지하고 있는 상태의 춤은 수평적인 사고에서 팔의 동태를 운동화시킨 것이다.

무용의 의식성

　1972년부터 73년에 걸쳐서 인도네시아 발리섬에 거주하며 그 지역 주민들과 함께 생활을 하고 여러 사원의 제례의식에 참가하면서, 발리 무용을 구성하는 요소가 어떤 것으로 성립되었는가를 조사하였다. 매일 같이 행해지는 무용을 낮과 밤을 가리지 않고 조사하기 위하여 사방으로 바쁘게 돌아다녔다. 발리 무용의 대부분이 무용극으로 극적 요소를 강하게 띠고 있는 것 중에서, 필자가 흥미를 가진 것은 그러한 극적 요소를 거의 지니지 않은 의식무용이었다. 특히 발리섬 동부 지방은 지형적으로 발리섬의 세계관을 만드는 중심 산인 〈구눈 아군〉이 버티고 앉아있으며, 남부 지방의 관광지와 비교하면 고요한 지방이다. 이 지방에는 고대 발리섬의 사회습관과 풍속·의식·문화가 남아있고, 옛스러운 의식무용이 전해지고 있다고 한다. 이곳에 한동안 머물다 보면 이러한 의식무용은 실은 일상 속에서의 의례적·종교적 행위의 연장이라는 것을 알게 된다. 즉 개개인의 성스러운 신들에 대한 예배·헌신·신앙이 한 마을의 사회적 결속을 만들어내고, 의례나 제례의식이 행해질 때에는 집단적인 행동을 하게 하며 창조적 행위를 창출시키는 원동력이 된다. 그 개인의 마음 속에 내재되어 있는 것이 의식 속에서 뚜렷이 나타나는 움직임, 즉 춤과 무용으로 나타나는 것이다. 그러므로 춤추는 것이 신들을 경배

◉ 루잔
발리섬의 텡가난 지
방, 신들에게 바치는 제물
로서의 무용이다.

하는 행위이며, 신의 행위 그 자체
가 된다. 그곳에는 일상행위의 정화·
순화가 없으면 안 된다. 왜냐하면 발
리 무용은 사람들이 품고 있는 신에
대한 경건함이 밖으로 나타나는 것
이기 때문이다. 그것은 인간에게 내재
되어 있는 정신이 춤추는 것으로 신들
을 향한 헌신의 정도를 보여주는 것이
다. 그것은 확실히 신에게 가까이 접근
하기 위한 신체의 통과의례(Initiation)
가 일상 속에 존재하고 있기 때문일 것
이다. 또한 수행자의 마음에 정성이
깃들어 있지 않으면 이것이 밖으로
나타나는 것처럼, 무용수의 몸짓이
우아하고 고상함을 풍기는 것은 그
심신이 올바르고 순결한 탓이리라.
무용수는 신체를 운용하는 마음을
청정하게 하여 불결함이 없도록 해
야 한다.

텡가난 지방에서 본 **루잔**이라는
의식무용은, 열 명의 소녀가 대부분

발리 무용에서 볼 수 있는 것처럼 격렬한 가멜란 연주에 맞추어 움직이는 것이 아니라, 느리고 단조로운 리듬으로 연주되는 가운데 한 줄로 서서 모두 눈을 아래로 내리깔고 걸어나왔다. 그것은 마치 느린 동작을 보여주는 것 같았다. 이 루잔이 행해지는 공간은 마을의 중심이 되는 〈바레 아군Bale Agung〉이라는 의례와 성찬 집회 장소 앞인데, 그 어둠 속에서 나오는 소녀에게서 무언가 엄숙한 것을 느낄 수 있었다. 천천히 대지의 영혼을 달래는 듯한 걸음걸이는, 춤추는 것이 신들을 향한 행위이며, 신들을 향해 받들어올리는 것이라는 점을 가르쳐 준다. 그것이 신의 행위가 되기 위해서는 연희자에게 내재되어 있는 정신의 충실함이 요구된다. 정신 속에 숨겨져 있는 신을 향한 경건함이 밖으로 뚜렷이 나타난다고 말할 수 있다. 그것은 감추어져 있는 정신이 춤을 춤에 따라 나타나는 것이므로 마을 사람은 신들을 향한 헌신의 정도를 시험하려고 했다. 그것이 온 마을의 제례의식이라면 헌신의 정도가 높고 충실한 소녀가 선택된다. 그리고 사람들의 평화스런 행복한 미래는 마을을 대표하는 소녀의 무용에 따라 정해진다.

이와같이 신들을 위한 헌신은, 실제로 제례의식의 자리에서만 행해지는 것이 아니라, 발리섬 사람들의 하루 생활 속에 있는 것이다. 발리섬 사람들은 항상 마음의 균형 즉 인간을 형성하는 두 가지 요소인 선과 악, 성스러움과 속됨, 음과 양의 조화를 갖고 있다고 생각한다. 그래서 매일 사람들은 성스러운 영혼을 지닌 신들과 선조의 영혼을 예배와 헌신으로 숭배함과 동시에, 나쁜 영혼을 가진 악마·마녀 같은 부정을 없애

◉타이의 사원에 헌납되
는 무용
개인의 일상적인 신앙
의 연장선상에 무용적 행
위가 있다……上
◉카타카리
인도. 무용은 기타 다른
수단으로는 전달할 수 없
는 것을 신체를 이용하여
전달하고 있다……下

고 액막이를 해서 달래려고 한다. 이 두 가지 요소는 우주를 만들어내고, 만물을 생성시킨다. 양극의 조화를 유지하기 위해 제례의식 행위가 개개인의 신앙을 만들어내기도 하고, 그것이 마을의 사회적 결속을 다지며 집단적 행위가 되는 제례의식을 이루기도 한다. 이것이 갖가지 사회적·공공적인 활동이 되며, 창조적 행위로써 모든 무용이 발달하게 되었다.

발리섬의 무용은 공연하는 사람들과 마을 생활에서는 의례적 행위와 마찬가지로 신들의 축복과 행복을 기원하기 위한 헌납이고, 또 한편으로는 불행과 재난을 없애기 위해 기원을 하고 마귀를 쫓기 위한 공연이기도 하다. 게다가 이 두 세계를 조절할 수 있는 것도 무용이다. 이렇게 보면 개인의 일상 신앙의 연장선상에서 무용적 행위가 이루어진다고 말할 수 있을 것이다. 그리고 신들의 에너지를 전하려면 연희자가 신체 자체에 충실함과 동시에 그것을 움직이는 행동 정신을 충실히 이행하는 것이 중요하다는 점을 점차로 깨닫게 된다.

그런데 인류가 하늘과 땅, 음과 양, 남자와 여자의 정령이 합쳐 하나를 이루고, 그곳에서 새로운 사물이 생겨나는 것은 만물의 탄생보다 느리지만, 만물이 모든 영혼을 내려준다는 애니미즘Animism(모든 현상·사물에 영혼의 존재를 인정하는 생각)은 인정할 수 있다. 이것은 아직 문명화되지 못한 민족을 조사해 보면 명확해지며, 오히려 자연물에 영혼이 깃들어 있다고 생각하는 애니미즘이 고대사회의 문화를 지배하였다고 말할 수 있다. 그러므로 동물이나 식물에도 영혼은 부여되며 더욱이 하천의 깊고

얕음, 산악의 높고 낮음, 바람과 비의 온화함과 습기에도 모두 영혼이 깃들어 있는 것이다. 이 영령의 작용은 대단히 넓다. 그렇지만 이 영령이 작용하는 현상만을 보는 것은 불가능하다. 왜냐하면 이러한 현상 속에는 그것을 만들어내는 본체 즉 영혼의 본질이 있기 때문이다. 그러나 영혼이 갖는 본질 자체는 공허하고 조용한 것이므로 눈으로 볼 수 없지만, 이 영혼이 갖는 본질에 충실하는 것이 무용과 많은 연관을 갖고 있다. 즉 인간이 탄생한 이래 그 순수한 영혼의 본질은 후천적인 본질적 욕심에 의해 물들어버리기 때문에, 먼저 후천적이며 속된 시간·공간 속에서 벗어날 것을 요구한다. 이것은 일상생활 속의 동작 그 자체에 순수한 영혼의 정신적 충실감이 없으면, 무용을 할 때 뚜렷이 나타나는 힘이 희박해지기 때문이다. 우리들이 뚜렷이 나타낸 형태가 있는 것에서, 그 속에 숨어있는 형태 없는 것을 보는 것은 인간의 내면을 응시하고 있는 탓이리라. 우리들은 형태로 나타나는 신체 동작에서 인간의 허무함을 깨달아 진리를 알게 될 기회를 얻게 되는 것이다. 무용에는 그러한 전달력이 있다. 그러므로 무용에는 신체의 충실함과 동시에 정신의 충만함이 요구되는 것이다. 그래서 비로소 무용이 우리들에게 이야기로 전하는 것이 뚜렷이 나타나게 된다.

확실히 무용에서 신체 동작이 일상적 행위의 연장선상에 놓이는 것은 그 신체에 여러 가지 변화를 가져오게 하는 내적인 마음의 동태와 관련되어 있기 때문일 것이다. 인간이 만물의 영장이 될 수 있었던 것은 마음이 영묘하게 움직일 수 있었기 때문이다. 그것은 수족과 전신을 움직일 때도 마음이 움직이면 전혀 움직이지 않는 것은 아니다. 또 마음이 조용해진다고 수족과 전신이 조용해지는 것은 아니다. 인간의 마음은 물과 같이 흐르며 바람처럼 떠도는 것으로, 눈에 비치는 것이나 귀에 들리는 것, 또는 촉감이나 후각에 의하여 갑자기 공포스러운 홍수나 태풍과 같은 재해를 내·외적으로 일으킨다. 그래서 모든 신체 행위는 마음을 움직이는 방법을 바르게 알면, 갖가지 것을 뚜렷하게 나타낼 수 있는 것이다. 아시아 무용 중에는 일상생활에서 마음의 평정을 찾고, 심신의 충실을 꾀하거나 유지하는 행위가 의식화되어 있는 것이 많다.

이렇게 보면 무용에서 신체 동작은 인간의 마음을 뚜렷이 나타낼 뿐만 아니라 신 그 자체가 되기도 하고, 자연과 교통하며 사람들을 감화시킨다고도 말할 수 있을 것이다. 내부적인 것을 외적인 것으로, 개인적인 것을 일반적인 것으로, 사적인 것을 공적인 것으로 변화시키면서 행하는 행위가 원초적 무용에 많이 있었다. 무용수가 사람들에게 무엇인가를 전달하려는 의식이 조금이라도 작용한다면, 그것은 무용의 사회적 기능이 싹트기 시작했다고 말할 수 있을 것이다. 즉 마음의 균형을 유지하는 것이 다른 누구보다 강하게 열망했던 무용수에 의해 표현되고, 개인적인 감정과 인식에만 머물지 않고 신의 계시로 여겼다. 시와 그림, 음악 등의 언어, 형태와 색깔, 소리라는 수단으로는 전달할 수 없는 것을 무용은 신체를 매개로 전달해온 것이 사실이다. 인간의 신체는 유기체, 즉 유기적 조직체와 같이 내면과 함께 기능하면서 어떤 효과를 가져오는 기구와

같은 것이다. 특히 이 신체인 유기체는 다른 사람이 어떻게 하든지 자기 마음의 수행을 통하여 어떠한 집단·동료·의식·제례 등으로 확인함과 동시에, 어떤 종류의 환경 변화와 무용이 전달하려는 목적 수단에 대해 어떻게든 감응할 수 있는 작용을 갖고 있다고 말할 수 있을 것이다.

무용의 세속화

무용은 춤추는 것 자체가 민중의 기원과 소원의 표현이라는 것임을 여러 곳에서 발견할 수 있다. 예전부터 춤추는 종교도 춤추는 행위 그 자체가 기원이었다. 지금도 인도에서는 신을 향한 경건함을 표현하는 데 음악을 연주하고, 시문詩文을 낭송함과 동시에, 말보다 신체로 표현하는 것이 신에게 감응하는 유일한 길이라 여기며 무용을 한다. 그들은 자신들의 기원이 신에게 전해지려면 인간에게 지극한 마음이 있으면 통하고, 그 표현으로써 춤추는 것이 신과 감응할 수 있는 길임을 알고 있었음에 틀림없다. 즉 자연과 인간의 지나치게 가혹한 싸움이 목축민·농경민 또는 문화도시에서 살고 있는 사람들에게까지 번졌다.

그들은 눈에 보이지 않으면서도 이 세상에 제어하는 힘을 지닌 주재자·신·전지전능한 신과 같이 여러 가지 명칭을 갖고 있는 무형의 본체와 가까워지고, 접촉하며, 점차 동일해짐에 따라 극복할 수 있다고 생각하였다.

인도의 서벵갈주 최서단 플루리아 지방에 전해오는 **쵸우**라는 무용극
(현지답사 1 참조)은 분명히 기우제를 지낼 때 쓰이는 기원의 표현을
신체 동작으로 행하는 것이다. 인도에서도 플루리아 지방은 강우량이
매우 적으며, 농경민은 건조한 대지를 보고서 땅을 버리고 떠나는 예가
많았다. 한편 정착한 농민은 어떻게든 대지를 윤택하게 할 수 있는 물을
구하기 위해 기도사에게 부탁하고, 종교인에게 소원을 빌지만, 어찌할
도리가 없이 매일매일을 보낼 뿐이었다. 그러나 농민은 기원하는 마음을
하나로 모아 그것을 신체로 표현하는 방법을 자연에서 배웠다. 그것은
하늘과 땅, 태양과 달, 불과 물, 낮과 밤의 관계이다. 한낮에 기원을 하면
작열하는 태양에게 지지만, 달이 떠오르는 저녁 무렵부터 밤 동안 그리
고 동틀녘에 걸쳐서 기원을 하면 소원이 이루어진다고 생각하였다. 여기
서는 달이 물·밤·하늘의 관련에서 시·공간이 설정되어 있다. 그래서
우주가 만들어지면, 그들은 대지의 영력(영혼의 힘)을 발동시키려고 대지
를 밟아 울리게 한다. 그러나 단순히 발로 밟는 것이 아니라 발바닥
전체로 대지를 향해 힘을 주어 밟는데, 그 힘이 크면 클수록 하늘을
향한 반동이 생긴다고 믿었다. 그 반동 동작은 하늘 높이 뛰어오르는
것이다. 이러한 주술적 동작은 소원이 이루어질 때까지 몇 번이고 반복
해서 비가 내리지 않으면, 사람들은 내면의 세계를 응시하게 된다. 즉
인간의 내면세계에 대한 호소를 승화시킬 필요를 느끼게 된다. 일상적인
동작이 점차로 규제되고 신을 향한 염원이 동작까지도 규제하게 된다.
그러는 동안에 인간에게 내재되어 있는 리듬은 자연의 리듬과 하나로

◉비를 기원하는 무용 쵸

　우

　인도의 서뱅갈주 플루

리아현 파루마 마을…上

◉파루마의 제례무용

　문화의 혈맥으로서 고

대부터 지금까지 전해지

고 있는 전승표현으로서

의무용…下

합쳐지게 된다. 이러한 과정이 없으면 아무리 대지를 밟아도 그 효과가 생기지 않는다. 여기서 인간 정신의 충실도가 마을의 평화와 안녕에 얼마나 영향을 끼치는가를 알게 된다.

우리들은 문화와 언어의 관계를 자주 들었다. 어떤 문화라도 가장 중요한 요소는 일상 속의 사람과 사람, 자연과 인간의 교류뿐만 아니라 시대가 변해도 지금까지 우리들이 보아온 무용은, 민족과 사회생활을 유지시키면서 결속력을 불러일으키고, 신들·정령과 교류를 가능하게 해 주었다. 인간은 몇 세대에 걸쳐 삶과 죽음을 되풀이한다. 그러나 신체를 통해 무용은 항상 전승되며, 문화의 혈맥으로 고대에서부터 지금까지 흘러오고 있다. 고대사회뿐만 아니라, 오늘날 각 지역의 민족에 전승되고 있는 무용은, 언제나 문화의 일부로써 우리들의 일상생활의 일부가 되어 있으며, 무용이 없다면 문화의 흐름도 일상생활도 정지되며 의미를 갖지 못하게 된다.

그런데 무용이 매체로 하는 신체는, 형태가 있는 것으로 결코 영원히 파괴되지 않는 것은 아니다. 마치 기구와 같이 만들어진 것은 반드시 부서지는 것이 자연의 섭리이다. 옛날부터 인간은 땅·물·불·바람의 4대 요소가 임시로 모여서 신체가 되었다고 한다. 그러나 숨이 끊어지면 인간의 기질氣質은 바람으로 되돌아가고, 액체는 물로 돌아가고, 뜨거운 열은 불로 돌아가며, 단단하게 응고되어 있던 것은 흙으로 돌아가서, 천지로부터 받은 것을 모두 되돌려 주어 남는 것은 아무것도 없다. 이와 같이 인간의 신체는 죽음을 맞이함에 따라 사라져버리지만, 인간이 만들

◉레곤 신체훈련
발리섬

어낸 것은 사라지지 않는다. 어떤 민족에게 전해지고 있는 무용으로, 치졸하고 전혀 예술성을 느낄 수 없는 일종의 원시적인 상태를 띠고 있는 것도 있지만, 현대에 재현되고 있는 무용 가운데에 원시상태를 그대로 보존하고 있는 것은 없을 터이다. 따라서 문화와 마찬가지로 무용도 살아있다고 할 수 있다. 바로 거기에서 무용의 정신을 상기해야 할 필요가 있을 것이다.

한편 언어도 인간이 지닌 아득하고 넓은 의식을 표현할 수 없는 결점이 있다. 고대 사람들이 자연계 속에서 살아가며 그들이 직관하는 것을 언어로 표현할 수 없었을 때, 언어와 관련있는 표현방법이 이용되었던 것은, 고대의 동굴그림·벽화·점토판에 보이는 조각상 등에서 알 수 있다. 이러한 표현방법은 지극히 주술적인 의미를 지니고 있는 것으로 전해지며, 만약 이러한 상황을 언어를 사용하여 표현한다면, 그 신비성을 파괴하는 것이 되어 사냥감인 동물군을 얻을 수 없다고 한다. 이와같이 눈에 보이지 않는 세계에서 일어나는 교류가 인간의 마음 깊숙이 마묘하게 작용하여, 영혼의 힘을 움직이는 감염感染주술이 성립한다고 생각하는 것이다. 특히 사냥감을 얻었을 때의 기쁨과 그러한 상황의 체험을 마을의 다른 사람에게 말하고 싶을 때, 언어의 기능이 충분히 발달하지 않았기 때문에 자주 이용되었던 것이 다양한 무용이었던 것은 잘 알려져 있다.

현대의 우리들이 보아도, 인도네시아 발리섬의 무용과 인도 케랄라주의 의식무용 부타와 티얌 등은 확실히 언어로 표현할 수 없는 복잡한 요소를 내포하고 있다. 그러나 어렸을 적부터 이러한 무용에 따른 의식에 참가해온 사람들에게는 쉽게 해석될 수 없는 세계이다. 우리들이 이러한 세계에 들어가기 위해서는 먼저 우리들의 문화를 버리지 않으면 안 된다. 우리들이 그들의 세계와 가까워지면 그것은 더한층 혼돈스러운 것처럼 생각된다. 그래서 무용에서 혼돈의 세계를 다른 측면에서 보면, 그들은 어렸을 때부터 유연한 신체훈련을 충분히 받은 것을 깨닫게 된다. 그것도 계통적이고 조직화된 방법으로 배운 것이다. 즉 어린이들은 일정한 연령에 달하면 무용을 배우는 학교에 가는 사람도 있지만, 그보다도 먼저 주변에서 가장 가까운 세계를 그 원류로 삼는다. 그것은 어린아이가 어머니 뱃속에 있을 때의 자연적인 리듬에서부터 시작하여, 어머니·아버지·형제자매 또는 놀이집단이나 선생님 그리고 성장하면서 만나는 사람들에게 무용을 배우는 것이다. 요컨대 어린아이를 중심으로 하는 주변사회에서 일상적인 행위의 대부분이 무용의 동태와 연결되어 있는 것이다. 어린이들은 언어로 발성기관을 움직이는 외적 충동과 함께, 이미 어머니 뱃속에서부터 내적충동을 가지고 태어났으므로, 그것이 주변사회 속에서 성장하고 발달하여 복잡해짐에 따라 자신의 신체동작을 어떻게 조작하는지를 알 수 있게 된다.

따라서 무용은 신체 조작이 가능한 사람에 의해 공연되며, 마음에서 떠오르는 것을 전하고자 한다. 그것은 고대 사람들이 자연계에서 보아왔던 세계이기도 했다. 즉 신체의 삶과 죽음, 빛과 어둠, 눈에 보이지 않는 힘의 존재가 움직이는 영묘하고 불가사의한 힘이다. 모든 자연물에 깃들어 있는 영적인 힘은 다른 것에 영향을 미칠 수 있다고 믿어왔다. 그와 같이 눈으로 볼 수 없는 영적인 힘이 점차로 의인화되었던 것처럼, 인간은 신체를 통해 그것을 뚜렷하게 나타내고자 했다. 그러므로 무용은 의인화된 영적인 힘을 발산하는 동태라고도 말할 수 있다. 춤을 춤에 따라 다른 영적인 힘과 합류할 수 있고, 그렇게 함으로써 인간의 신체는 정신적인 힘을 강하게 만들어서, 어떠한 일이 자연계에서 일어나는지를 알 수 있게 되었다.

가혹한 자연과의 투쟁을 상징하는 웅대한 쵸우
········ 인도, 플루리아 지방

농경민의 무용극으로서의 쵸우

　인도의 동부 최대 도시 캘커타를 아침 5시에 출발하였다. 지금부터 서뱅갈주 최서단에 있는 플루리아 지방에 전해오는 쵸우라는 가면무용극의 현지답사에 나서는 참이다. 캘커타의 아침, 심한 비를 만나자 축복이 깃든 비라며 운전수는 기뻐했다. 버스를 타고 꼬박 하루 만에 도착했다. 주정부의 차는 쾌적하게 날 듯이 국도를 달렸다. 농경지대·녹지대·적토로 된 구릉지를 빠져나갔다. 도중에 운전을 잘못하여 버스가 논으로 뛰어 들어간다거나, 트럭과 충돌하거나 다리를 들이받는 등의 교통사고를 보았다. 국도에서는 모든 운전수들이 경쟁하듯이 속력을 냈다. 느긋한 인도사람이라고는 상상할 수 없을 정도였다. 약 6시간 가까이 달려 정오 무렵 플루리아 지방에 사고 없이 도착했을 때는, 정말로 안도의 숨을 쉬었다. 도중에 쵸우를 공연하기 위해 가고 있는 한 패거리를 보았다. 사다리와 비슷한 두 개의 가느다란 나무에 쵸우 가면을 매달아서 어깨에 메고 운반하였다. 쵸우 가면은 공작의 날개로 장식되어 있으므로 보관할 수 있는 상자가 없었던 탓인지, 모두 이와같은 형태로 포장하고 있는 것을 나중에야 알았다.

　일찍이 캘커타 총영사관에서 서뱅갈주의 교육청에서 제작한 쵸우 영화를 볼 기회를 가졌으며, 뉴델리에서는 문교부 예술국에서 연극·무용

연구의 제일인자인 카필라 바사얀Kapila Vatsyayan 여사로부터 역사적
배경과 인도 연극 속에서의 쵸우의 특징을 배운 적도 있으며, 일본에서
구한 정보와는 매우 색다른 문헌 자료도 입수할 수 있었다. 그러나 이와
같은 자료는 여러모로 참고는 되었지만 현지답사는 우선 이쪽의 조사목
적을 중심으로 많은 사람들에게 얻은 정보를 토대로 진행시켜 나가야
되었기 때문에 이제까지 동남아시아에서 했던 조사방법에 따라 행하였
다. 따라서 거시적인 연구로써 가면을 사용하는 무용극을 아시아 연극
속에서 비교하는 관점을 취하는 동시에, 가면이란 그들 민족 속에서
어떻게 생각되며, 그 기원과 신앙적인 측면에서 다른 아시아에서 볼
수 있는 가면무용극과 공통성이 있는 것인지 아니면 이질성을 지니고
있는지를 기록하기로 하였다. 그와 동시에 미시적인 연구로써 가면 제
작·종류·의상·무대·신체표현·작품의 소재·연희자들의 생활 등도
기록하지 않으면 안 된다. 짧은 시간이므로 이쪽의 관점이 분명하지
않으면 귀중한 시간이 쓸모 없어지게 된다. 그러므로 자신의 눈으로
본 것은 모두 기록해야 한다는 자세를 갖지 않으면 안 된다.

플루리아 지방에는 쵸우를 공연하는 그룹이 5백여 개에 이른다고 한다.
도중에 길에서 만난 일행도 어느 마을의 그룹 중의 하나일 것이다. 5
월 상순은 우기로 접어드는 시기이지만, 이 플루리아 지방은 농업을
중심으로 하고 있으며 평균 온도는 연평균 40도를 웃돌고, 강우량은
평균 85밀리라고 하니 거의 비가 내리지 않는 메마른 땅이다. 이러한
자연 조건이 이 쵸우를 탄생시켰고, 그것이 쵸우를 공연하는 사람의

신체적 움직임이 전형을 이루는 데까지 영향을 주게 된 것도, 이 땅에 도착한 후 점차로 알게 되었다. 이번에는 파루마 마을, 아다보나 마을, 토란 마을 등등의 세 마을의 쵸우를 조사하기로 결심, 특히 쵸우의 가면을 제작하고 있는 쵸리다 마을도 조사하기로 했다.

파루마 마을의 쵸우 ─ 1980년 5월 9일

플루리아 북쪽에 있는 파루마 마을 록시에바야탄이란 한 패거리의 공연은 저녁 무렵부터 플루리아 마을에서 거행되었다. 그들은 모두 연회자와 음악 연주자를 포함하여 32명. 가면을 매단 사다리가 나무에 세워져 있고, 연극에 사용하는 소도구 종류가 주위에 놓여있다. 연회자는 검은색 바탕에 은실로 자수를 놓은 병사복장 같은 옷을 입고 맨발을 하고 있었다. 공작 날개를 단 가면을 쓰면, 그 너덜너덜한 옷이 화려하게 보이고 발목에 단 군구루라는 방울이 음악소리에 맞추어 울린다. 사방 세 칸의 무대공간은 새끼줄과 대나무로 쳐놓은 것에 지나지 않지만 연회자는 무대와 분장실을 연결하는 곳에서 연주하면서 들어온다. 무대를 두세 번 돌고 난 후 한쪽 구석에 서서 술통 모양의 양면 북(돌)과 방울 모양의 단면 북(담샤), 게다가 챠르메라(샤나이)를 하늘을 향해 불고, 이제부터 극이 시작된다는 신호처럼 격렬한 북소리가 울린다. 한 명의 가수가 노래하기 시작했다. 지금부터 공연 내용을 노래한다고 한다. 그는 관중에게 자기의 노래를 들려 주려고 힘껏 소리를 지르며 무대를 돌면서 노래했다. 내 질문에 여러 가지 대답을 해준 D.쵸우두리 씨는 그 이야기를 해설해 주었다. 또한 공연의 연출 기록을 써 내려갔다.

쵸우 연희자는 분장실과 무대 사이에서 우선 독특한 자세를 보여 주었다. 발을 대지에 벌리고 서서 양손을 허리에 얹었다. 이제부터 등장할 인물을 그린 모습이었다. 연희자는 반드시 이런 자세로 관중에게 자신이 누구인가를 나타내려는 듯이 멈추어 서서 포즈를 잡았다. 그것은 일본 가부끼에서 보이는 하나미찌花道(가부끼의 독특한 무대설치로서 무대 중앙으로 연결되는 관객석을 통하는 길)에서 유달리 눈에 띄는 표정이나 동작을 취하는 연기와 비슷하다.

작품의 소재는 신들이 등장하는 이야기 〈파라스람〉과 《마하바라타》에서 나오는 〈아비망뉴 보다〉와 《라마야나》에서 나오는 〈라봉〉이라는 악신惡神 라바나의 이야기, 그리고 크리슈나신을 찬양하는 노래인 〈라스릴라〉가 있다. 신 중에서도 연극의 신으로 불리우는 가네샤신과 시바신, 사자를 거느리는 여신 둘거, 여신 카르티카가 차례차례로 등장한다. 역시 신들을 연기하는 것으로 일종의 의례적인 색채가 강하게 보인다. 가네샤신은 오늘밤 공연에 축복이 있기를 기원한다. 가수는 신들을 향해 찬가를 불렀지만, 〈돌〉과 〈담샤〉의 격렬한 소리로 무엇을 노래하고 있는지 들리지 않았다. 소리의 리듬은 단조롭고 같은 유형이 반복되었다. 북 연주자 한 사람이 중앙으로 나와서 출구까지 가면, 그 북소리에 맞추어

◉사다리에 걸쳐놓은 쵸
우 가면
◉파루마 마을…上
◉공작의 날개로 장식한
가면을 쓴 연희자
아다보나 마을…下

연희자를 무대 중앙으로 이끌어들
이는 연출은 재미있었다. 연희자는
별로 중앙에 들어오지 않는다. 북 치
는 방법이 그다지 마음에 들지 않기
때문이라고 한다. 그들은 좀더 세게
두드리며 〈쵸우〉라는 말을 잇달아
불러대기를 바란다. 여기에서 〈쵸우〉
라는 말의 유래는 확실치 않지만,
눈에 보이지 않는 사악한 것을 물
러나게 하는 주문이다. 이 연희자와
연주자의 자연스런 융화는 마치 영
적인 교류가 이루어지는 것처럼 보
인다. 움직임은 격렬하다. 무대를
거칠게 돈다. 그리고 땅을 발바닥으
로 힘차게 대지의 영혼을 불러일으
키듯 밟는다. 점차로 북을 연주하는
소리에 힘이 들어간다. 〈아비망뉴 보
다〉이든 〈라봉〉이든 모두 전투 장면
을 중심으로 연희하고 있다. 이것은
격렬함을 보여줌으로써 관중의 마음
을 북돋아주고, 그 자연의 냉엄함을

극복하라고 호소하는 것같이 느껴진다. 〈라스릴라〉는 크리슈나신과 라다 여신의 사랑 이야기를 그리고 있는데, 여기서 여덟 명의 소치는 여인인 고피들은 분신인 크리슈나신으로 분장한 여덟 사람과 함께 총출연하여 무대를 가득 메우며 돌아다닌다. 특히 사람들의 어깨 위에 올라가고 또 그 올라간 사람의 어깨 위에 다시 올라가는 연출은 매우 흥미롭다. 이것은 북부 나투아족과 파타족의 민족무용에서 볼 수 있는 것으로, 어떠한 형태로 이와같은 연출이 받아들여졌는지, 더욱이 파루마 마을에 원래부터 이런 연출이 있었는지 쵸우두리 씨도 모르는 것 같았다. 이것은 일찍이 서터키 민족무용에서 본 적이 있다. 게다가 동유럽까지 넓게 퍼져 있다면 집시 계통의 예능일지도 모른다는 생각이 뇌리를 스쳤다.

　파루마 마을의 쵸우는 꽤 다양한 요소를 받아들여 연극적인 연출을 갖추고 있으므로, 무용극으로 무대에 올려도 손색이 없을 것 같았다. 하루 전 캘커타에서 본 쵸우 영화와 같은 소박함은 보이지 않았지만, 그 영화가 제작된 지도 20년이 지났으므로, 어떤 부분이 연극화되었는지 알 수 있었다. 또한 오늘밤은 조명 관계로 별로 무용의 동태를 볼 수 없었지만, 그 신체 움직임의 격렬함과 북소리의 리듬이 하늘과 땅에 감응하는 듯 감각적으로 와닿는 느낌은 귀중한 체험이었다. 의례적인 것은 볼 수 없었지만, 이처럼 신들의 이야기를 무용화하고 연기하는 것 자체가 신들과의 만남이며, 찬가라는 생각이 들었다.

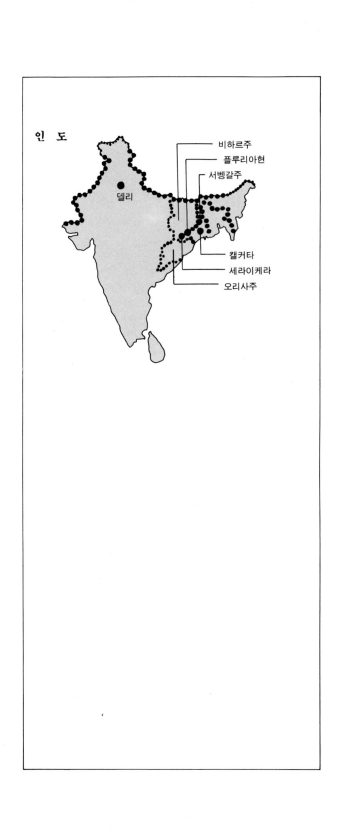

아다보나 마을의 쇼우 — 1980년 5월 10일

아침 8시 30분 플루리아를 출발, 차로 15분 가량 달려가서 아다보나 마을의 쇼우를 조사했다. 이렇게 아침 일찍 서두른 까닭은 9시가 지나면 더위로 견딜 수가 없기 때문이며, 하루종일 40도가 넘는 더위 속에서 조사를 하다보면 지치고 일사병에 걸리기도 한다. 그리고 밝은 데서 보는 가면·의상·무용의 동태에 대한 조사는 어젯밤 느끼지 못했던 것을 볼 수 있을지도 모른다는 기대가 있었기 때문이다. 붉은 흙벽으로 만든 집 입구에는 대부분의 주인들이 서서 처음으로 찾아온 일본인을 이상한 눈으로 보고 있다. 이르다고는 하지만 벌써 더워져 응달로 들어가서 안도의 숨을 내쉬었다.

이제부터 하는 무용은 연극의 신 가네샤의 등장으로 시작된다. 가네샤는 코끼리신이며 하늘의 신이므로, 비를 내려달라는 기원이 간절할 때는 가네샤를 연희하는 사람이 힘차게 대지를 밟으며 뛰어오른다. 아다보나 마을에서 상연된 종목도 역시 전투 장면이 많은 이유는, 아무래도 그 메마른 토지에 수분이 절실히 필요하였기 때문이리라. 그 바람이 대지를 밟고, 하늘로 울려퍼지도록 북소리를 세차게 내어 감응시키려는 것은 아닌가 하는 생각이 들었다. 어째서 이러한 움직임이 생겨났는가에 관해 물어보아도 확실한 대답을 들을 수 없었다. 그러나 그들의 생활형태와

◉여신 둘거
아다보나 마을…上
◉가네샤신
파루마 마을…下

◉전투장면, 손에 활을 든 라마
아다보나 마을. 라마는 마왕 라바나와 싸운다…上
◉목장에서 가축을 돌보는 여인, 고피
파루마 마을. 고피는 크리슈나신의 사랑을 받아 춤춘다…下

쵸우가 생겨난 배경을 생각하면서 연희자의 동태를 보면, 그들은 단순히 흥분 그 자체를 나타내는 게 아니라, 쵸우의 공연이 연희라는 세계를 초월하여 일종의 의례적인 행위임을 알게 되었다. 이러한 생각을 하면서 그들의 공연을 지켜보았다.

신체의 움직이는 모습과 북소리는 훌륭하게 조화를 이루었다. 호흡이 꼭 들어맞는 것처럼 연희자가 북소리를 이끌어내는 것인지, 북소리가 연희자의 움직이는 모습을 만들어내는 것인지 알 수 없을 정도였다. 발의 동태를 주목해 보면 뛰어오르는 모습보다 대지를 향한 힘을 더 느낀다. 그것도 보통 걸음걸이가 아니라 허리를 낮추고 무릎을 직각으로 들어올리면서 기세좋게 대지를 향해 발바닥 전체를 사용하여 두드리듯 내려놓는다는 표현이 적절하리라. 이미 의식화되어·있는 동태는 대지 위에서야 비로소 생생하게 살아난다. 무대 위였다면 단순히 발의 표현태에 특징이 있다고 말할 수 있을지도 모른다. 그만큼 발의 표현이 강렬하게 인상에 남았다. 만약 이 대지를 떠나 플루리아의 쵸우가 공연되는 공·시간을 변화시킨다면 전혀 의미를 갖지 못하게 될지도 모른다는 생각까지 들었다. 낮이라서 그런지 종래의 연출과 다르다고 한다. 그렇지만 연희자의 표현태, 무대 공간의 사용법, 아주 세련된 연출 등 영상에 의한 기록도 얻을 수 있었다.

◉하늘의 신 가네샤는 사
람들의 비를 바라는 마음
의 강렬함에 맞추어 힘차
게 뛰어오른다.
아다보나 마을·····右上
◉북소리와 합일을 이룬
신체
아다보나 마을·····左上
◉연회라는 세계를 초월
하여 일종의 의례적인 행
위로서 공연된다.
아다보나 마을·····下

토란 마을의 쇼우 —— 1980년 5월 10일

밤이 되어 또 다른 쇼우를 토란 마을에서 보았다. 전기가 없는데 어떻게 쇼우 연희를 할지 궁금했다. 연희하기 전에 마을의 지형을 보거나 그들의 생활을 기록하기도 했다.

토란 마을은 작은 강이 흐르고 있으므로 농경생활은 파루마 마을과 아다보나 마을에 비해 조금 풍부한 것 같았다. 이 토란 마을의 쇼우는 개울을 경계로 두 개의 쇼우 그룹이 연희의 우열을 경쟁하듯 연출을 하였다. 마을의 중앙 광장이 연희하는 공간이다. 타원형의 양쪽 끝에 가느다란 통로가 있고, 그곳에 가스등을 든 남자가 서있다. 정면에 또 한 사람의 남자가 서있고, 불과 세 개의 가스등을 밝혀놓고 연희를 한다는 것을 알고 놀랐다. 남자들은 머리 위에 가스등을 얹어서 멀리까지 밝도록 하였다. 마을 사람들이 우리들 주위를 둘러싸며 점차 늘어났다. 모두 흥분한 듯 앞으로 앞으로 밀어닥쳤으므로 타원형이 작은 원형이 되었다. 주변은 칠흑 같은 어둠이었다. 램프 가까이 있지 않으면 누가 누구인지 전혀 분간할 수 없다.

마을 사람들은 가네샤신의 모습을 한 연희자가 통로의 입구에 등장하여 허리에 손을 얹고 준비자세를 취하자, 어수선해지며 마치 진짜 가네샤신과 만난 것처럼 마음이 설레었다. 아니 그들에게 있어 가네샤신은

◉토란마을의 초우……右
上
◉신들과의 만남의 자리
인 공연
아다보나 마을. 오른쪽
으로부터 두번째가 여신
카르티카이다.……左上
◉라마야나의 이야기 중
의 일부분
아다보나 마을……下

지금 이 마을에 내려온 것이다. 북치는 사람이 〈쵸우〉라고 소리쳤다. 대지를 밟고 뛰어올라서 한 번 돌고, 그대로 무릎을 땅에 대며 내려왔다. 마을 사람과 연희자 그리고 연주자도 흥분하여 〈쵸우〉 〈쵸우〉라고 힘차게 외쳤다. 연희자는 그 외침에 대답이나 하듯이 몇 번이고 회전을 했다. 모두 그 굉장한 박력에 압도되었다. 연희자는 자기가 가네샤신을 연희하고 있는 것을 잊어버리고, 마침내 가네샤신 그 자체와 일체가 된다. 그것은 일종의 신이 들려 자기자신을 잃어버리는 상태인 듯했다. 연희하면서 연희자의 마음이 신체와 일체화되어 그 신체는 어떠한 동태라도 표현할 수 있는 상태가 된다. 어둠 속이라 기록하지도 못하고, 오로지 눈앞에서 행해지고 있는 움직임을 기술하는 것이다. 이것은 일찍이 대만과 싱가폴에서 본 도교의례에서 신들린 탕키(童乩)의 행위를 보았을 때와 같이, 그들이 보여 주는 신체의 움직이는 상태를 필자의 신체 기능을 총동원하여 감지해내는 동시에 그들의 세계가 만들어내는 시·공간 속에 있을 수밖에 없는 것이다. 바로 거기서 예기치 못했던 움직임이 계속 반복되어 나온다. 그것을 하나하나 자신의 신체로 기술화記述化해 나간다. 그들의 움직임을 기술하려면 자신의 신체를 움직이지 않으면 할 수 없다는 것을 비로소 배우게 된 것이다.

　인류학에서 현지답사라는 것은 자기가 태어나고 자란 세계와 완전히 다른 문화체계를 가진 세계와 만나는 것이다. 그리고 그 세계 속에서의 상태와 사건을 기록하면서 다른 사람이 지닌 세계의 존재를 알게 된다. 그것은 무용을 둘러싸고 있는 갖가지 요소를 하나하나 기술하는 것으

로, 연희자의 분장·의상·장식물 등의 명칭을 기록한다. 그러나 무용의 동태에 대해서는 기술할 여력이 없다. 조금이라도 방심하면 움직임은 또 다른 움직임으로 바뀌어간다. 그것이 다음에 올 움직임을 예상할 수 있는 느린 것일지라도 역시 기본적으로는 무용을 향한 시선을 뗄 수 없다. 그것은 필자의 호흡이 이미 그들의 호흡과 함께 숨쉬고 있기 때문이다. 이와같이 그들과 함께 할 수 있는 세계를 현지조사를 통해 갖게 된다. 미지의 세계와 만나면, 자기를 초월한 공유의 세계를 체험할 수 있다. 이것이 현지답사인 것이다. 이렇게 해서 그들이 연희하는 동태를 신체로 기술하는 방법을 배워서, 필자는 다시 몇 시간 후에 그 신체의 기술을 문자로 기록하는 작업을 하는 것이다. 그것은 연희자의 동태가 어떻게 변하는가만을 기술하는 것이 아니다. 그러한 움직임을 연출하는 그들의 세계로 들어가지 않으면 안 된다. 그리고 여기에서 무용의 동태를 읽는 〈댄스 리딩 Dance Reading〉을 기록해 나가야 되는 것이다.

第 **2** 章 ——

舞踊의 **身体學** 〔KINESIOLOGY OF DANCE〕

심신의 동태

　인도, 서벵갈주 플루리아 마을에 쵸우라는 무용극이 전해오고 있다. 연희자의 신체의 동태 중에서 특히 발 모양은 이 무용을 특징있게 만든다. 연희자의 발은 땅을 단단히 밟는 동시에 하늘로 뛰어오른다. 발이 대지의 에너지를 호흡하여 그것이 하늘을 향해 신체를 이동시킬 수 있게 해 준다고 생각하는 것 같다. 이와같이 격렬한 움직임이 연희자의 기본이 된 이유는 쵸우라는 무용이 일종의 비를 바라는 의례에 기원을 두고 있는 것과 관계가 있는 듯하다. 인도는 한 해를 통틀어 거의 비가 내리지 않는 자연조건을 가진 땅이라서 인간 능력의 한계를 초월하고 있다. 그들 농민의 기원은 모두 한결같이 비를 바라기 때문에 승려가 염불을 외며 주문을 읽고 공물을 바치지만, 아무런 효과도 거둘 수 없다. 그들의 기원은 마침내 혼신을 다 바쳐서 자연계에 호소한다. 그 기원은 땅과 하늘의 신을 향한 움직임을 창출해내는 원동력이 된다. 그 움직임은 대지를 향해 힘차게 발로 밟고, 하늘로 날아오른다. 신체는 하늘과 땅 사이를 아래위로 움직이고 그 혼은 하늘과 땅의 에너지를 불러일으킨다. 인간이 천상계와 지상계 사이에서 살며 두 세계가 만들어내는 자연의 혜택을 받고 있음을 깨달았을 때, 그들이 할 수 있는 것은 이러한 자연과 호응하는 일 이외에는 없었을 것이다.

인간은 신체라는 임시 도구를 걸치고 있지만, 그 임시 도구를 자유로이 조절하는 영혼의 역할을 자연과의 대화에서 배운다. 인간은 자연을 정복하고 파괴할 뿐 아니라 자연과 조화를 이루면서 살아간다는 것을 깨닫게 된다. 인간이 지닌 영혼의 동태는 신체를 조절한다. 신체가 하늘 높이 날아오르는 것은 영혼이 뚜렷이 나타나는 것이다. 그러나 높이 날아오르기 위해서는 그 순간 거의 본능적으로 영혼의 에너지가 대지를 향해 작용하여 단숨에 발바닥 전체로 에너지를 흡수해 들여야 한다. 이렇게 응집된 에너지의 동력은 위쪽을 향해 발돋움한다. 그때 신체의 근육 긴장은 이완되고 해방되며, 대지에서 흡수한 에너지는 하늘과 땅으로 확산된다. 이 에너지는 하늘과 땅을 신체의 주축으로 흡수·확산하는 것으로 충만해간다. 그와같은 형태로 천지에 넘쳐흐르는 에너지는 변화를 일으킨다. 그것이 자연계의 변화를 불러들인다. 이것은 단지 신체의 동태가 일으키는 현상이 아니라, 신체를 조절하는 영혼인 에너지가 하늘과 땅을 향해 작용하는 것이라 말할 수 있다. 거기서 신체의 동태와 반복하는 리듬이 자연과 호응하지 않으면 안 된다.

지금 여기에서 우리들이 말하는 리듬이란, 이 천지간의 신체의 동태에서 보이는 발의 수축과 확산이 만들어내는 우주의 소리이기도 하다. 이 우주의 소리는 우리들에게 들리지 않는 침묵 속에서 생겨난다. 그것은 옛날 사람들이 자연 속에서 창조했던 것처럼, 우리들 인간이 본래부터 갖추고 있는 타고난 능력이고 내부에 있는 리듬과 호응하여 단순한 리듬에서 복잡한 리듬을 창조해낸다. 즉 인간이 육성으로 소리를 표현해내기 전에, 기본적인 소리

◉무용극 쵸우
초우 연희자는 대지를
단단히 밟고 하늘로 날아
오른다. 이는 발로 대지의
에너지를 충분히 흡수하
기 위함이다. ……上
◉야쿠샤가나 점프·동태
혼의 에너지가 대지를
향해 움직여 단숨에 발
전체로 흡수된다……下

로서 자연계의 풀과 나무가 바람에 흔들릴 때 나는 소리, 새가 지저귀는 소리, 동물이 울부짖고 으르렁거리는 소리 등을 다섯 가지 감각으로 체험함에 따라 내재되어 있던 생명의 리듬은 확대된다. 리듬은 어쨌든 인간의 호흡과 유리될 수 없는 것이다. 호흡을 생명의 실체로 삼는 것은 우주도 마찬가지로 호흡하고 있기 때문이다. 인간이 숨을 내쉬고 들이마시는 데는 일정한 리듬이 있다. 마음이 평안하고 조용해지면 그 호흡 소리도 비교적 긴 간격을 갖게 된다. 인간은 이 호흡을 자신의 내부에서 조절함에 따라, 다양한 우주 리듬을 표현하는 방법을 자연에서 터득한다고 말할 수 있다. 인간에게 내재되어 있는 생명체 리듬이 마음에 작용하면 반드시 밖으로 나타난다. 무용의 발단도 그 마음의 표현태인 것이다.

그것을 뚜렷이 나타내기 위해 우리들이 감응하는 것도 리듬을 통해서이다. 거기서는 의식적·의도적인 것도 없고 본능적으로 감응하기 때문이다. 어린아이들이 기뻐서 뛰어오르는 발의 동태는 조그만 것에 대해 심신이 자연과 반응하고, 인간 본성이 지닌 눈에 보이지 않는 생명력의 충만에서 생기는 무의식적인 동태이다. 그것은 또한 인간의 감각기관인 오감五感에서 생겨나는 오정五情의 활동력 과잉에 의한 것이기도 하다.

인도의 연극, 무용 성전인 《나티야 샤스트라Natya Sastra》에서는, 인간이 본래 지닌 라사(Rasa, 情調)에서 생기는 바바(Bhava, 感情)를 관객의 마음에 불러일으키는 것이 공연의 목적이며, 연희자의 신체의 동태는 그 정서감을 일으키기 위한 부차적인 요소이기도 하다. 인간의 심성이 무엇인가에 의해 모습을 잃어버렸던 것이 무용과 극행위에 의하여 재삼 본래의 모습을 되찾는다. 이는 아름다운 소리가 사람들의 마음을 평안하게 하고, 그 마음은 인간의 정서를 온화하게 해 주기 때문이다. 그러한 인간이 마음에 의해 우주적(Cosmical)인 에너지의 응집이 순간적으로 이루어짐에 의하여 확산되고, 그것이 신체의 동태 즉 무용을 탄생시킨다. 인간의 마음이 어떤 사물에 대하여 느낌을 갖는 것은 이 우주적 리듬에 대한 호응이며, 그것을 뚜렷이 나타내기 위해 에너지인 생명체가 신체의 수족이라는 소재를 활용한다. 여기서 비로소 수족의 움직임이 생긴다고 말할 수 있다.

1975년부터 1976년에 걸쳐서, 중국 대륙에서 싱가폴로 이주하여 조직

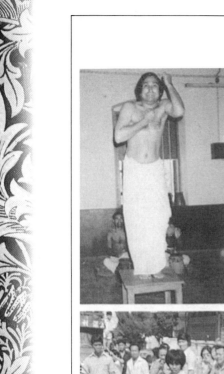

◉산스크리트극, 쿠디얏
탐의 표현 훈련
남인도. 마음에 내재되
어 있는 것을 어떻게 표현
해내는가를 무용수가 연
습하고 있다.……上
◉싱가폴의 탕키
싱가폴의 중국인 사회
에서는 주술적인 의례가
일상생활 가운데 살아 숨
쉬고 있다.……下

을 이루고 사는 중국인 사회 속에서
제례의식·연극·무용이 신체 동태
(Movement)와 어떠한 연관을 갖고
있는가를 조사한 것이 있다. 필자가
주로 대상으로 삼는 것은 주술적인
의례에 등장하는 탕키(童乩)라 불리
는 영술사의 동태였다. 이 탕키는 갖
가지 병을 치료하였는데 병을 고치
기 위해서는 영적인 신들이 탕키에
게 빙의하는(Trance) 상태가 되어야
한다. 민간인 도사道士가 주문을 외
우고 공물을 바친다. 탕키가 될 사람
이 의자에 앉아있다. 그러나 신이 빙
의하지 않으면 신탁神託·기도·병
의 치료도 할 수 없지만, 그리 간단
히는 빙의현상을 볼 수 없었다. 연
이어서 동라銅鑼(청동으로 만든 둥글
고 편편한 타악기) 소리가 울리고 징
소리가 귀청을 찢었다. 신앙인이 공
물과 선향(향가루를 반죽하여 가늘고
길게 만든 것)을 바치고 나서 10여

분이 지나자 빙의현상이 나타나기 시작했다. 그때의 신체의 동태를 보니 발이 가늘게 흔들렸다. 왜 그런지 좌정하지 못하고 무릎 따위를 방정맞게 떠는 것처럼 움직이기 시작했다. 그와같은 동태가 시작됨에 따라 탕키에게 신이 빙의한 것을 신자信者가 알게 된다. 그런데 탕키는 본래 귀신이 달라붙는 능력을 갖추고 있다고 하지만, 그것이 발에서부터 생기는 이유는 아직도 밝혀진 바가 없다.

나는 이 빙의현상을 볼 때 문득 《일본서기》의 한 구절이 떠올랐다.

아메노우즈메 노미고도天鈿女命는 손에 띠를 감은 창을 들고 천상에 있는 암굴의 문 앞에 서서, 모인 여러 사람들을 교묘하게 웃게 만드는 배우 노릇을 하였다. 또 천향산天香山의 마사가끼眞坂樹(상록수)로 가발을 만들고 히가게蘿(덩굴이)를 다스기手繦(띠)로 하고, 불을 피우며 우게覆槽를 뒤집어놓고(술통을 뒤집어놓고 그 위에 올라가 그것을 밟으며 소리내고 노래불러 춤추며 숨어버린 태양에 활력을 주는 행사) 그 위에 올라가서 발로 밟으며 장단을 맞추고, 마치 신들린 듯이 춤추고 노래불렀다.

이것은 잘 알려진 한 구절이기도 하지만, 특히 배우라는 한자에 〈와자오끼〉라는 일본어 발음이 붙어있는 점이 이전부터 마음에 걸렸다. 여기에서 조화造化를 일으키는 것이란, 이 싱가폴의 탕키에게서 볼 수 있는 신의 영력을 빙의하는 행위 같은 것이 아닐까 하는 느낌을 받았다. 따라서 아메노우즈메 노미고도는 신의 영력을 빙의하는 데에 매개가 되는

◉중국 원대 벽화의 발의
동태……上
◉부타
인도의 케랄라주……下

주술도구 즉 마사가끼(상록수), 히가게(석송)를 몸에 지닌 것이다. 여기서는 음악적인 요소를 찾아볼 수 없을지도 모르지만 둥근 통을 뒤집어 놓고 위에 올라가 밟는 소리, 관중의 박수 소리, 무엇인가로 땅을 두드리는 소리 등이 이미지화되어 있다.

그러나 싱가폴에서 탕키가 신들린 상태가 되었을 때, 저 요란스러운 징 소리, 그리고 신봉자의 열기는 탕키의 빙의상태와 결코 무관하다고 말할 수는 없다. 또한 〈와자오끼〉와 같이 특이한 표현인 〈가무가까리〉는 신명神明, 즉 신령이 현현하는 빙의상태를 가리키는 것이지만, 그것이 어떠한 동태를 취하는가 하는 것은 기재되어 있지 않다. 그러나 싱가폴에서 본 탕키는 신봉자의 눈 앞에서 빙의상태를 보여주지 못하면, 신의 신탁이나 병 치료는 할 수 없고, 그 의례가 거행되는 의미도 없어지는 것이므로 이 빙의상태를 나타내는 동태는 그들 문화에서 중요한 의미를 갖는다. 즉 탕키의 신들림을 나타내는 발의 떨림은 단순히 신을 삼가 받들어 올리는 움직임만을 나타내는 것이 아니기 때문이다. 나중에 대만의 대북시台北市에서 본 개묘의식開廟儀式의 탕키나, 인도 힌두교의 고행자에게서도 신이 내리는 동태가 발에서 시작되는 것을 본 적이 있다. 이것은 천상의 신의 영력이 신체로 내려와서, 대지와 우주적인 에너지가 서로 만나는 상태를 신체가 움직임으로 나타내는 최초의 행위는 아닐까 하는 생각을 했다. 아시아 각 지역에서 신들이나 정령精靈이 빙의한 상태를 신체로 나타내는 것은 손이 아니라 발의 모습에서 비롯되는 것도 결코 우연이라고는 할 수 없을 것이다.

남인도 케랄라주에서 본 의례예능인 부타에서는 신을 향해 축복을 드리는 의례 중에서 신들의 노래를 부르고 긴 북(첸다)을 두드리면서 옷을 입었다. 그러는 동안에 변신의 상태가 되는 것을 보았다. 그때 연희자의 눈동자 움직임이 무엇인가와 싸우고 있는 것 같다고 생각하자 갑자기 양쪽 발이, 대지에 물을 뿌릴 때 물이 튀는 모습과 같이 튀어오른다. 이것은 연희자가 신의 영력을 받아서 능력이 커지면 커질수록, 그 영력이 대지를 향해 되돌아오는 것은, 발의 반동으로 나타나는 것은 아닌가 하는 생각이 들었다. 즉 천상에서 에너지가 커지거나 작아지는 것은 연희자의 영적인 재능과 관련이 있다고 말할 수 있다. 이제까지의 신들림, 무의식 상태의 움직임을 보면 신체의 동태 가능성은 그 신체가 하늘과 땅이 지닌 에너지를 어느 정도 응집시킬 수 있는가의 여부에 달려있다고 하겠다. 그 수용 정도가 커지면 커질수록 신체가 현현하는 확산의 정도는 강해진다. 그것이 도약의 원동력이며 발의 움직임을 가능하게 만드는 것이기도 하다.

발의 동태

우리들은 신체의 동태를 언어화하여 그것을 형성形聲문자로 표현해 왔다. 이와같이 문자화된 글자를 봄으로써 그 움직임을 재현할 수 있다. 특히 발의 움직임을 문자화한 것을 보면 도跳·용踊·답踏·약躍 등이 있다. 각각의 글자를 보면 도跳의 조兆는 원래 〈두 개로 나눈다〉 또는 〈떨어뜨린다〉는 의미가 있다. 여기서 땅에서 발을 뗀다는 것에는 앞에서 서술한 것처럼 밟는다는 행위 즉 발로 대지를 꽉 누르는 상태가 필요하지만, 밟음이 있으므로 비로소 뛰어오르는 동태 즉 도跳가 있게 된다. 이 밟는 힘이 역학적으로 수축의 정도를 강하게 하면 확산의 정도도 강해지므로, 거기서 높이 날아오르는 동태가 마치 새가 날개를 들어 올리는 것처럼 보이므로 약躍이라는 글자가 만들어졌다. 또한 밟는다는 자의 의미는 물을 뿌리는 것 같다는(畓) 것과 마찬가지로 발을 계속해서 움직이는 것이지만, 대지에 발을 디디고 대지의 에너지를 충분히 발바닥으로 받아들이는 것이야말로 밟는다는 동태이며 그 확산이 신체를 신장시킨다고 해석할 수 있다. 영어에서 말하는 〈댄스Dance〉라는 말은 고대 독일어 〈댄손danson〉에서 유래하였다지만, 그것의 본래 고대의 뜻은 〈팽팽하게 펴다〉라는 데 있었다. 그러나 아시아 무용에서는 신체를 팽팽하게 편다기보다는 오히려 발로 밟을 때 대지를 향한 수축이 확산된 후에 길게 늘어나는 동태를 만들어내는 것이라서, 길게 늘어난다고 하는 동태는 부차적인 것 같다.

이와같이 발에서 본 동태에서 몇 개의 문자가 창안되었음을 알 수 있었지만, 대개 신체의 동태가 언어를 만들어내는 과정에서 기본이 되는 것이 리듬이다. 이 리듬은 시간 감각의 질서를 유지하는 데 필수불가결한 요소이다. 우주를 구성하는 은하銀河·무수한 항성·혹성·위성의 세계는 리듬을 지닌 공간이다. 우리들이 사는 지구는 태양 주변을, 달은 지구 주변을 돎으로써, 낮과 밤의 리듬이 이루어지고 조수간만의 차가 생긴다. 그뒤에 식물이 계절의 리듬에 따라 싹이 트고 자라고 번성하고 시듦이 거듭되며 우리의 신체도 살아가기 위해 규칙적으로 뛰는 심장의 고동, 혈액의 순환, 폐의 호흡이 자연 속에서 되풀이된다. 여기에 우주와 자연계의 현상, 더욱이 소우주를 이루는 신체는 영원한 리듬을 태고적부터 생생하게 유지시키며 거듭 지속적으로 변화해왔다.

이 리듬을 감각화한 신체표현은, 오늘날 원시적인 생활을 영위하고 있는 것으로 알려져 있는 민족에서도 찾아볼 수 있다. 특히 발에 의한 동태가 그것에 해당한다. 즉 발의 동태란 시간적인 리듬을 창출해내는 것이다. 역사를 거슬러 올라가면 인간의 신체인 발은 대지를 쿵쿵 구르

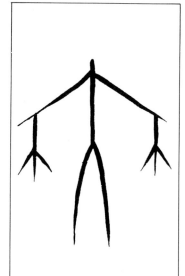

면서 소리를 만들어내는 악기라고도 말할 수 있다. 신체는 소리를 연주하는 악기가 되기도 한다. 이처럼 발이 소리를 내는 것은 오늘날 인도무용에서도 발견할 수 있다. 무용수의 발목에 방울을 달고, 리드미컬하게 쿵쿵 밟는 것으로 강약을 만들어내기도 하고, 물 흐르는 듯한 소리를 표현하고 있는 것이 그것이며, 그 방울 소리는 신체를 청각화한다.

이 발의 동태는 신체를 중심축으로 삼고 하늘과 대지를 오르내린다. 그것은 신체가 지닌 에너지가 대지로 수축되고 하늘을 향해 확산되는 수직축을 나타내고 있다. 더욱이 이 동태에 따라 눈으로 볼 수 없는 불가사의한 에너지가 대지로 향하였고, 대지의 에너지도 다시 변화하였다. 이 대지의 에너지가 변화하면 그에 호응하여 하늘의 에너지도 변화한다고 믿고 있다. 어떤 목적을 지닌 동태의 단조롭고 단순한 반복은 그 효과를 강화시킨다고 말할 수 있다. 여기에서 사람과 신의 만남이 적극적인 형태로 이루어지고, 그것이 〈춤춘다〉라는 동태를 표출해내는 것이다. 이렇게 대지를 계속 밟는 동안에 남성들은 어떤 한계성을 갖는 것이 아니라, 예로부터 지금까지 변함없이 무한한 시간을 표현할 뿐이다.

아프리카 도곤족의 민족무용을 본 적이 있다. 몇 명의 남성들이 팔로 원을 그리며 발로 밟는 동작을 하면서 노래를 불렀다. 그 노래는 풍요를 위한 기원이었고, 발로 대지를 강하게 밟는 것은 대지의 영혼을 불러 일깨우고 영혼의 힘을 발동시키는 주술적인 동태였다. 그러나 이 밟는 동태의 단조로운 반복은, 사람들의 마음을 풍요라는 생활의 조화와 결합시켜 인간이 본래 갖추고 있는 황홀상태의 행위와 같이, 더욱 활기있는 리듬을 생겨나게 하고 한무리를 이루면서 감정을 고양시키고, 따라서 신체의 한계를 초월하여 자기가 본래 갖고 있는 영혼의 힘이 신체에 충만하여 확산되는 것이다.

인도 서벵갈주 플루리아 지방에 전해오는 쵸우는 가뭄의 제례의식으로 행해진다고 한다. 쵸우를 추는 연희자의 신체의 동태는 대지를 밟고 높이 뛰어오르는 것이 특징이다. 이것도 대지의 에너지를 발동시켜서 변화시키는 동태라고 생각할 수 있지만 연희자가 높이 뛰어오르는 것은 밟는다는 동태의 에너지가 확산된 결과이다. 또한 뛰어오르는 동태는 흙 속에 들어있는 씨앗이 생장하고 높이 자라는 것의 주술적 행위로 보인다. 아시아의 농경민족에는 이렇게 대지를 밟고, 높이 도약하는 동태

⊙ 쵸우의 발의 동태
전투의 격렬함을 나타
내기 위하여 발을 동동 구
른다。 건조한 땅이라서
먼지가 심하다。

가 지금은 본래의 의미가 퇴색되기는 했지만 아직 많이 남아있음을 볼 수 있다. 이처럼 리드미컬하게 밟는 동태는, 여성의 상징인 대지와 남성의 상징인 남근의 생식적 리듬으로 생각하는 것이 일반적이다. 분명히 이것은 생식신앙에 뿌리를 두고 있다고 생각할 수 있지만, 여기에서는 인간이 춤추는 행위를 통하여 자신이 가진 영적 능력을 재발견하고, 자기 주변의 동식물이나 자연현상과 대응하면서, 신체의 가능성을 펼치는 것에서 생겼다고 말할 수 있다.

신체는 우주의 중력과 반대로 서있을 수 있다. 즉 대지를 향한 신체의 동태는 중력에 따르는 것이지만, 하늘을 향한 동태는 신체의 축이 천지축과 조화를 이루지 못하면 넘어져버린다. 확실히 도약하는 신체의 축이 불안정하면 착지가 아주 위험하게 된다. 벵갈주의 쵸우 속에 발의 동태가 매우 다양한 것은, 쵸우가 인도의 서사시 〈마하바라타Mahabarata〉를 극의 소재로 삼고, 그 전투의 무시무시함·격렬함을 한정된 연희자가 연출했기 때문에, 이러한 발의 동태가 민족적 신앙으로 바뀌어서 받아들여지게 되었다. 그 동태는 높이 차올린 발이 무릎에서 대지로 기세좋게 내려오는 특수한 모습을 보여주고 있다. 이러한 발의 동태는 등장인물인 용사와 영웅처럼 강력한 모습을 표현하기 때문에 연희의 과정에서 창안되었다고 말할 수 있다. 그러므로 연희자가 아무리 무시무시한 칼을 들고 괴상한 형태의 가면을 쓰고 있더라도, 그 인물의 강력함이나 광폭한 모습을 표현하고 있는 것은 아니다. 우리들이 힘이 센 사람에게서 난폭함·노여움·거칠다는 느낌을 받는 것은 그러한 작용에 의한 것이며 살아가면서 비로소 참모습이 이미지화하게 된다. 신화나 전설로 전해오는 영웅과 악령 들은 신체로 만들어낸 이미지가 그대로 고정화된 모습이며, 이야기의 신체화가 이루어지지 않으면 살아남을 수 없었다고 말할 수 있다.

일본에서도 이상한 형태로 무서움을 표현하는 예능이 발의 동태와 밀접하게 관련되어 있는 점은 매우 흥미롭다. 단 인도와 같이 도약하는 동태라기보다 무대의 의태음擬態音, 즉 발을 계속 밟는다거나 우당탕거리는 발소리로 우리들에게 기묘한 공포심을 갖게 하는 경우가 많다. 이와같이 발에 의한 의태음은 오히려 예능이 무대 위에 올려지게 된 이후가 궁리되고 발달한 것처럼, 인도와 같이 대지가 무대가 되었던 면과는 다르다.

그런데 발을 차올린 후 무릎 아래로 내려뜨리는 연희가 일본의 노우(能)나 교오겡(狂言)에도 보인다. 노우의 귀물鬼物(상연 순서 중 다섯번째에 해당됨) 중에, 전한前漢 원제元帝의 궁녀인 왕소군王昭君이 기원전 33년 흉노와 화친하기 위해 호국胡國으로 시집가자 남아있던 버드나무가 시들었으므로 아버지가 그 시든 버드나무를 거울에 비추니 소군과 호한사단우呼韓邪單于의 영혼이 나타났다는 이야기인 〈소군〉에서, 後後시테(흥행 도중 잠깐의 휴식 후에 나오는 주역배우) 호한사단우의 망령이 매우 빠른 템포의 피리 소리에 맞추어 무대로 달려나와 두 발을 올려차고, 무대에 무릎을 꿇고 앉으려는 것처럼 강한 소리를 순간적으로 내고 내려온다. 이것은 광폭한 힘을 신체로 연희할 때이며, 이러한 연희 모습은 아마 귀신 계통에 속하기 때문일지도 모른다. 이것은 힘을 기초로 하는 동작 예능이므로 단지 거칠고 용맹스러운 모습이면 되고, 「한 번 보면 놀라서 마음에 동요를 일으키는 재미거리이다」라는 것처럼 깜짝 놀라게 하고, 마음을 움직여 흥미를 느끼도록 하면 된다는 제아미(世阿彌)가 《니교꾸산다이에즈二曲三體繪圖》에서 서술한 역동풍力動風 즉 힘을 기초로 하여 움직이는 예능과도 통할 수 있을 것이다. 또한 귀신의 귀신다움은 강렬하고 공포스러운 것이 본질이므로, 훌륭하게 연기하면 할수록 흥미가 없어진다고도 말하고 있다. 그렇지만 《후바가덴風姿花傳》의 〈신神〉에 다음과 같이 씌어있다. 신의 연기는 귀신들림이다. 어딘지 모르게 격심함이 느껴지는 모습이고 그 신격神格에 따라서는 귀신의 분위기가 있을지도 모른다. 그리고 신은 춤으로 빙의하는 경향이 있지만, 귀신은 절대로 춤 같은 형태로 출연하는 일은 없다.

여기서는 신과 귀신의 연기상의 경향을 파악할 수 있었는데, 신은 춤으로써 빙의하므로 어디까지나 신체에 어울리는 분장을 하고 기품있게 옷을 법식대로 잘 갖추어 입고 연기해야 하는 데 비하여, 귀신은 그렇지 않다고 말할 수 있다. 이것은 단지 의상의 문제가 아니라 몸을 격렬하게 움직이는 역을 연기할 때는, 마음에 씩씩한 기백을 가지고 신체를 딱 벌리고 빈틈 없는 자세를 갖춘 후에 동작을 시작하는데 그때 신체와 발을 똑같이 움직이므로써 난폭함을 연출할 수 있다고 한다. 결국 귀신의 예능이 품위있고 단정한 모습이 아니라는 것은 발의 모습 때문이라고 하겠다.

⊙죠그자카르타 궁정무용
의 연습 광경
인도네시아……上
⊙타이 궁정무용의 연습
광경
무용수의 발의 모습으
로 인물의 역할이 표현된
다……下

그러나 이와같은 제자리걸음과 특수한 발의 동태는 제아미의 논리에 따르면, 결코 마음에 드는 모습은 아니었던 것 같다. 또한《하나가가미花鏡》에서도 〈도쥬분신 도시찌분신動十分心 動七分身〉이라는 것처럼, 마음을 10분 움직이고 신체를 7분 움직이라는 것은, 마음의 움직임보다 신체 움직임을 조금 적게 취함에 따라 연기가 한층 세련되어짐을 말하는 것이다. 그러나 인도 쵸우의 도약을 보면 마음을 10분 움직이면 신체도 10분 움직여야 한다. 그것이 예술적으로 세련되었다거나 그렇지 않다는 것이 아니라 노우나 쵸우도 본래는 종교적인 의례에서 발생한 것이다. 노우는 제아미가 말하는 〈하나花〉라는 무대에서 표현적 효과로서의 행위로 신체의 동태가 만들어지는 것에 비하여, 쵸우는 아직까지도 종교적이고 주술적인 의미를 잃어버리지 않고, 신체의 동태가 자연과 하나가 되어 표현되고 있다 할 수 있겠다. 동시에 관람자에게는 일종의 경이로움을 안겨 준다. 그 놀라움은 우리들의 일상생활 속의 동태에서는 느낄 수 없는 것이기 때문이다.

또 한 가지 교오겡에 있어서 발의 모습을 살펴보기로 하자. 교오겡에서도 마찬가지로 발을 차올리면 상당히 높은 위치라도 발이 둔부에 닿아, 즉 앉아있는 모습과 같이 그대로 무대 위로 똑바로 내려오는 표현이 있다. 이러한 행위는 되돌아내리기라 하고, 〈가사구루마傘車〉〈세쓰분節分〉(입춘 전날 콩을 뿌려서 잡귀를 쫓는 행사를 함) 등에서 볼 수 있다. 이것을 처음 보았을 때, 슬개골膝蓋骨이 갈라지는 것은 아닌가, 발뼈에 영향을 주지는 않을까 하는 신체적인 장애 외에는 다른 것에 신경 쓰지 못했던 기억이 있다. 만약 보통의 연희자가 정신을 차려서 하더라도, 아마 부상당하기 쉬웠을 것이다. 그러나 무대 위 한 지점에 두 발을 나란히 모았을 때 무릎에서 발바닥으로 에너지를 결집시키고 단숨에 위로 뛰어올랐다가 그대로 내려오면 특별히 문제될 것이 없다고 배운 적이 있다. 그때 이것은 단순히 기술적인 문제가 아니라, 보다 내면적이고 또한 정신적인 면과 관련이 있는 것은 아닐까 하는 생각이 들었지만, 기술적인 대답밖에 듣지 못했다. 그러나 연희자가 그 역할의 인물이 되는 과정중에 분장실에서 의상을 입으면서 변신하는 동시에 정신적인 면도 허상에서 실상으로 바뀌어가지 않으면, 이와같은 위험도 배재할 수 없을 것이다. 거기에서 신체축은 수직축이 되며, 아래쪽으로 에너지를 집중시켜 기운의 반동을 이용하여 위로 수직축을 통해 뛰어오른다. 뛰어오르면 기氣는 확산되어 버리지만, 그 기를 수직축으로 응집하도록 의식하면서 내지를 향하여 수축하는 에너지를 상승한 지점까지 유지하고, 단숨에 기를 하강시키면 그 에너지는 격렬한 기세로 무대에서 소리를 낸다.

이 발 모양의 원리는 무대에서 박자를 밟을 때라고 말할 수 있겠다. 박자를 밟는다는 것은 리듬에 맞추어 무대 위에서 소리내는 것뿐이 아니라, 효과적으로 연희 속에서 조화를 이루지 못하면 단순한 잡음에 지나지 않게 된다. 교오겡·노우, 그리고 인도의 고전무용, 더욱이 인도네시아 자바의 궁정무용에서도, 이 발의 동태는 같은 원리를 갖고 있다고 말할 수 있다. 무릎을 거의 직각으로 올리려면 허리의 위치가 수직축

속에서 높지도 낮지도 않은 안정된 한 자리에 위치해야 한다. 수직축으로 정신을 통일시키고, 좌우로 흔들리지 않는다고 해서 신체를 경직시키는 것이 아니라, 마음으로 신체를 조절하는 중심축(이것이 신체축이 된다)을 유지할 필요가 있다. 그리고 호흡을 들이마실 수 있을 때까지 무릎을 들어올리고, 기가 응집된 지점에 이르러 무대를 향해 발바닥으로 기를 한 곳으로 모은 다음 확산시킴으로써 무대 위의 소리가 경쾌한 음을 만들어낼 수 있는 것이다. 이 호흡을 충분히 섭취한 발의 움직임이라면, 신 중에서 우아하고 기품있는 신은 호흡의 길이를 천천히 취하며 대지로 내려오는 표현을 하고, 거친 신이라면 귀신과 마찬가지로 단숨에 대지로 발을 내려놓아 난폭함을 보여 줄 수 있다. 여기서는 연희자가 행하는 인물의 역할과 동일화를 이루지 못하면 단순한 기교로 끝나버릴 우려가 있다. 인간은 신체의 발 움직임 하나로도 신이 되기도 하고, 신화 속의 영웅, 기품 있는 여성 혹은 사나운 악령으로도 자유롭게 변신할 수 있다.

발의 무용태

발소리는 인간의 성격을 나타낸다. 예를들면 복도에서 들려오는 발소리에 따라서 곧잘 누가 이쪽으로 오고 있는지 알 수 있는 일을 경험하게 된다. 상대의 모습이 없어도 그 인물을 식별할 수 있는 것은 목소리와 발소리 정도일 것이다. 발소리를 청각화함에 따라서 어떤 인물의 이미지가 시각화된다. 발소리를 무대 밖에서 내보는 것은 노우의 아게마꾸(揚幕——무대로 통하는 출입구에 드리운 막)와 가부끼의 히끼마꾸(引幕——무대에서 옆으로 잡아당겨서 여닫는 막) 속에서 연출되는 것처럼, 일본 연극에서 많이 볼 수 있는 연출방법의 하나이다. 관객은 그 발소리를 듣고, 이제부터 나올 연희자가 먼 곳에서 오고 있는 모습과 무시무시한 귀신이 등장하는 것을 머릿속으로 형상화한다. 그 기대가 생각한 대로 되면, 관객은 연희자의 연희력에 만족하는 것이었다. 그렇지만 이와같은 발의 연희라는 것은 아시아에서는 그다지 찾아볼 수 없다. 그것은 발의 연희가 악기 소리로 바뀌어버렸기 때문이다. 예를들면 어릿광대가 등장하면 익살스러운 템포의 가락이 연주되고, 귀신이면 징 같은 종류의 악기가 시끌벅적 요란스럽게 울린다. 그 악기 소리가 신체의 동태, 특히 발의 동태에서 만들어진 것이라고 관객은 느낄 뿐이다. 어떤 소리를 듣는 것만으로도 곧 등장인물이 형상화되는 것은, 연극·무용극에서 인물의 유형화가 이루어졌기 때문은 아닐까.

　그렇지만 예외도 있는데, 발의 모습만으로 어떤 등장인물을 표현하는
연출방법이다. 그것은 인도네시아 발리섬에 전해오는 가면무용극 와얀
토펜과 남인도의 야쿠샤가나에서 찾아볼 수 있다. 토펜극에서는 연희자
가 무대에 등장할 때, 무대 입구의 막 아랫부분이 조금 올려지고, 연희자
의 발만이 보인다. 가멜란의 소리에 맞추어 양쪽 발은 이제부터 등장하
는 인물을 표현한다. 관객은 어렸을 때부터 연극이 행해지는 공간에서
자라나 무엇이든지 알아낼 수 있는 세계 속에 살지만, 연희자의 발 모습
을 봄에 따라 비로소 창조적 세계를 향해 마음이 움직이기 시작한다.
그 발단이 이 막에서 보여주는 발의 행위인 것이다. 왕은 우아하게 아름
다운 발을 들어올려서 대지에 천천히 내려놓지만, 악귀는 거칠고 난폭하
게 대지를 발로 밟는다. 그 동태는 가멜란 소리에 의해 한층 더 효과적
으로 보인다.

　이 특수한 발의 행위를 보고 난 후, 필자는 다른 토펜극의 발 행위를
주의깊게 관찰한 적이 있다. 그것은 토펜 파제간이라 하며, 한 사람의
연희자가 다섯 사람의 등장인물을 나누어서 연기하는 것이다. 가면이나
의상도 달랐으므로 등장인물은 쉽게 구별할 수 있었지만, 연령에 따른
손짓, 신체의 동태는 동일하였다. 그래서 필자는 연희자의 발 동태만으로
나타내는 그 표현술을 한참동안 지켜보았다. 그러다 연희자의 상반신
동태의 차이점은, 오히려 발의 동태에 따라 변하는 것을 깨닫기 시작했다.
연희자가 맡은 역할에 대해 마음 속으로 궁리한 것이 신체 동태로 나타날지

◉ 야쿠샤가나의 발의 표
현 무대상에서 발만 보이
며 등장인물을 표현한
다.

라도, 그것은 먼저 발에서 이루어지는 것이었다. 즉 발의 동태가 상반신의 동태를 만들었다. 예를들면 어떤 인물인지의 여부는 알 수 없지만, 어쨌든 발이 막 아래로 보인다. 그 동태는 천천히 발을 들어올리고, 가느다랗게 흔들리는 것으로 보아 늙은 사람인 것 같다. 가멜란의 소리도 등장하는 연희자를 표현하는 것처럼 느리고 조용하여, 늘 빠른 리듬으로 우리들에게 젊음을 느끼게 해주는 격렬한 소리와는 완전히 대조적이다. 가멜란의 연주라는 것이 단순한 반주악이 아니라, 지극히 세심하게 등장인물의 성격까지도 만들어냄을 느낀 것은 그때였다. 그러나 무대 위로 등장해 버리면, 이 연주의 유형화는 소멸되고 보통의 곡조로 변한다. 그렇게 되면 왕과 노인, 왕비로 분장한 연희자는 연주 내지 자신의 표현 행위를 계속 지속시켜 나가야 되는 것이다. 즉 발리의 토펜에서는 연희의 기본으로 연희자들의 등장이 세계를 이야기하고 인물을 표현하는 형태이었다. 그 형태의 기초인 발의 모습이 심적 구상과 함께 표출되어야 한다. 그러므로 무대 입구에서의 막 아래 보이는 발의 모습은 이제부터 등장할 인물을 표현하는 연희자의 구상을 관객에게 보여주는 유일한 자리라고도 말할 수 있다.

발리에는 등장인물의 역할을 〈알스〉와 〈아엔〉 두 가지로 유형화하고 있다. 이것은 외견상의 특징이며, 일찍이 자바의 종교문화를 연구한 클리포드 겔츠Clifford Geertz가 사용한 알스(세련·순수·절묘·섬세·원활함)와 카살(거칠고 품위 없음·조잡·난폭함·불순)의 유형과 공통되는 것이다. 발리에서 알스는 〈우아·경건·평정·성스러운 성격〉 등을 나타

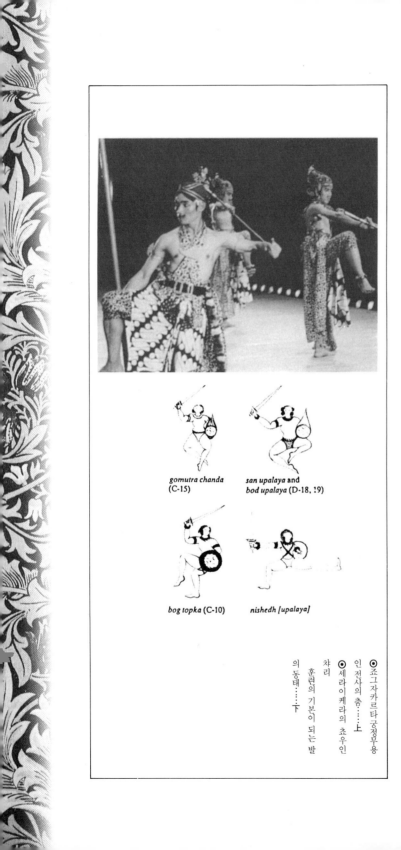

gomutra chanda
(C-15)

san upalaya and
bod upalaya (D-18, !9)

bog topka (C-10)

nishedh [upalaya]

◉죠그자카르타궁정무용

인전사의 춤⋯⋯上

◉세라이케라의 쵸우인

챠리

　훈련의 기본이 되는 발

의 동태⋯⋯下

내고, 아엔은 〈힘이 세고 난폭함·용기·강력함·파괴·악한 성격〉 등을 나타낸다. 그 내재되어 있는 정신상태가 밖으로 형태를 표현하는 것이 역할의 유형화이며, 알스는 신·노인·왕·왕비·왕녀·승려·어릿광대를, 아엔은 마신魔神·대신大臣·민중으로 분류되어 있지만 실제로는 명확한 분류가 이루어지지 않은 경우가 많다. 이 분류는 인간이 가진 양의적 성격의 반영이지만, 신체 동태에서 보면 내면적인 상태가 외면적인 표현형태로 나타나는 것이며, 한 사람의 연희자가 몇 사람의 인물을 나누어 연기하는 토펜 파제간은 상당히 고도의 표현력을 요구하게 된다. 그리고 등장인물을 연희하면서 여러 종류의 가면을 쓰고 옷을 바꾸어 입지만, 알스에 속하는 인물의 신체 동태의 특징은 성격에서 보이는 우아함·잔잔함·경건한 태도의 내면적인 감정을 표현하기 위해 감정을 공공연하게 드러내지 않고 자기억제적인 동태를 취한다. 이 연희자의 마음 상태가 등장인물의 연령이나 모습에 가까워짐에 따라서 자연과 마음과 신체가 일치되면, 우아하고 경건한 왕과 늙은이의 모습을 표현할 수 있게 된다. 그러나 앞에서 서술한 것처럼 여기에서 그 마음과 신체 상태가 전혀 움직이지 않는 것이 아니라, 움직이는 행위로써 표현되어야 한다. 이 동태의 제일보가, 무대 아래의 발 행위로 집약되는 것이다. 알스에서 보이는 발의 표현 행위는, 양쪽 무릎은 어느 정도 굴절되어 있지만 발을 움직일 때는 천천히 들어올려서 발뒤꿈치를 바깥쪽으로 내린다. 오른발이라면 발가락은 오른쪽 바깥쪽으로, 뒤꿈치는 왼발 뒤꿈치 가까이로 신체와 평행 상태가 되게 내려놓는다. 왼발도 이것과 같은 동태를 취하지만, 이 동태를 봄으로써 알스의 인물군을 상기할 수 있는 것이다.

이것에 비해 아엔에서 보이는 발의 표현 행위는, 발은 세게 밟고 용맹스러운 행위를 하므로 발바닥 전체로 대지에 내려놓는다. 단지 발의 상태만으로 이제부터 등장할 악마가 무서운 것임을 표현하면 된다. 관객에게 발의 상태로, 그 공포의 감정을 느끼도록 불러일으키는 것만으로도 충분한 효과를 나타내는 것은 인도 산스크리트극의 특징이며, 이것은 《나티야 샤스트라》에도 기술되어 있다. 역할에 대한 연기는 결코 사실로 연기하는 것이 아니라 그럴 듯한 인물로 연기하면 족하다는 것은, 제아미의 《후바카덴風姿花傳》에 씌어져 있는 것과 통하는 점이 아닐까.

인도 비하르주 신붐현의 세라이케라 왕궁에 전승되어 오는 쵸우라는 가면무용에 챠리(Cari)라는 걷는 방법의 기본 동태가 있다. 이 동태를 배우는 것이 훈련의 시작이다. 그 기본 동태를 보면 특수한 동태뿐이다. 그러나 이러한 동태를 연기할 때 정신통일이 중요하다는 것을 쵸우의 제일인자인 라지크말 슈덴드라 나라얀 싱 데오Rajkumar Suddhendra Narayan Singh Deo는 강조한다. 우선 여섯 형태의 챠리를 살펴보면 전후로 걷기, 경사진 면에서의 움직임, 호랑이의 걷는 법, 하늘에서 신들이 내려올 때의 걷는 법, 학의 걸음걸이, 소가 오줌을 싸면서 걸어가는 법이 있다. 이것은 실제로 무용을 보면 명확히 알게 되지만, 공연하는 목록에 각각의 발의 동태가 기본적으로 짜여져 있음을 알 수 있다. 그렇지만 이 동태는 기본적이라기보다 특수한 것이다. 이와같은 동태를 통하여 전후좌우 또는 비낌 따위의 무용 공간의 방향을 배우고, 동물(호랑이 · 소 · 곰 · 말 · 양 · 사슴)과 공작 등의 연희에서는 연희자가 동물의 정령이 되어, 단순히 모방으로 그치지 않는 방법을 배우게 된다. 신들이 하늘에서 내려올 때의 발의 동태는 연희자가 마음에 품고 있는 표현 행위이며, 그 사람 마음의 본연의 상태를 명백히 나타내는 것이므로, 관객은 눈으로 볼 수 없고 받아들일 수 없는 초월적인 존재인 신을, 그 무용을 하는 사람의 표현 행위를 통하여 자신의 마음에 형상화한다. 그 신들을 신답게 표현하는 데 있어서, 이 쵸우는 먼저 모습에서보다 발의 모습에서 표현을 구하고 있다. 연기하는 사람이라면 내면적인 정신의 충실감은 에너지의 방향성을 안으로 가지면 가질수록 증가한다. 그리고 그 에너지의 충실감은 하반신으로 전해지는 것은 아닐까. 단 표면적인 모방이 가능한 동물의 무리는 그 자체로도 괜찮지만, 이 신의 표현 행위는 연희자의 정신 그 자체를 나타낼 수밖에는 없다.

　남인도의 연극 · 무용 · 음악의 전통을 보존하고 연희자를 육성하는 무용학교 케랄라 카라만다람이 트리츄르에서 차로 30분 걸리는 곳 츄르투르티에 있다. 여기서는 **카타카리 · 모히니얏탐 · 바라타 나티얌 · 쿠디얏탐 · 오탄 투랄** 등 인도 고전무용을 조직적인 방법으로 교육하므로, 신체의 동태를 살피는 데도 여러 가지로 익혀야 할 것이 많다. 그 중에서도 카타카리를 습득하기 위해 몇 가지 단계를 거치는 훈련법에 흥미를 가졌다. 그것은 처음 연습하는 어린이가 어떠한 신체훈련을 해나가는가가 교육과정화되어 있기 때문이다. 12세가 넘은 어린이들의 몸은 매일 아침

인 도

델리

캘커타

케랄라주
트리츄르

⊙케랄라 카라만다람 무
용학교에서의 카타카리
연습광경
　신이 된 구루(선생)가
성스러운 발로 새롭게 신
들의 무용을 연회할 사람
을 창조하고 있다。

특별한 맛사지로써 유연하게 구루(선생)의 발로 비벼서 쓸모없는 지방을 없앤다. 신이 된 무용 선생 구루가 성스러운 발로 새롭게 신들의 무용을 연기할 사람을 창조해내는 것이다. 이것은 신체 그 자체를 신들이 타고 난 본래의 자태로 만들기 위해서는 정신적으로 신과 일체가 되기보다, 먼저 신체적으로 신과 일체가 되는 것이 필요하다고 말할 수 있다. 이 마찰하는 치료가 신체훈련에 얼마만큼 관계가 있는지는 훈련에서 볼 수 있는 신체 동태에서 이해할 수 있다. 이 동태는, 허리는 약간 구부리고 상반신을 똑바로 세우고, 양손은 어깨 위치까지 올리고, 두 발은 벌리고, 발의 바깥측으로 걷는 것이다. 그리고 뛰어오를 때도 단지 두 발의 굴신屈伸으로 뛰어오른다. 뛰어오르면서 원을 그리는 경우도 있지만 기본적인 동태를 벗어나면 안 된다.

필자는 이 동태를 보고, 언제나 노우와 교오겡에 있어서의 일종의 신체 의식성, 또는 상징성을 느끼지 않을 수 없었다. 이 동작을 못하면 신들과 교류를 할 수 없을지도 모른다. 그것은 노우·교오겡에서 연희자의 기본적 모습도 역시 종교적인 의식성에서 생긴 것이기 때문은 아닐까. 또한 그것은 일상적 동태가 아닌 비일상적 동태가 상징화된 것인지도 모른다. 카타카리는 무용하는 것이 신과 접촉하는 것이며, 신이 되는 것이기도 하다. 무용을 보고 있는 사람을 감화시키는 점이 있는지 없는지는, 거기에 초월적인 힘이 발산되는가 안 되는가에 달려있다. 그 때문에 신체의 비일상적 동태 그 자체는, 내면 세계인 정신적 존재가 뚜렷이 나타나는 것이다. 우리들은 여기에서 바로 신을 보는 것이다. 이러한 카다카리

에서 상반신의 동태는 지금 서술한 것처럼 노우·교오겡의 연회자에게서
도 볼 수 있는 면이므로 그다지 이상하지 않지만, 발은 비일상적인 동태
이다. 그러나 트리밴드럼에 있는 캘커타 연극대학에서 있었던 카타카리
의 실연實演에서 이 기본 동태를 배웠을 때, 등줄기를 똑바로 펴고 허리
를 그대로 구부리면, 무릎이 나뉘어서 양쪽 발이 바깥측으로 누를 때까
지 내리면 실제로 눈으로 봐서 느낄 만큼 이상한 동태는 되지 않을 것이
다. 신체의 극한 상황은 분명히 정신적인 지속상태가 유지되지 않으면
극복해내기 어렵다. 그러나 이 극한선을 넘지 못하면 아무리 해도 신에
게 접근할 수가 없기 때문이다. 신체에 신이 내릴 용기容器가 없으면
신체는 신을 현현시킬 수 없게 되고, 일상적인 인간이 초월적인 존재가
되려면 무슨 일이 있어도 신체 자체가 통과의례의 의식을 받지 않으면
안 된다. 이와같이 살펴보면 신체는 마치 신을 현현하는 그릇이며, 그것
은 내재되어 있는 신을 불러일으켜 주는 매체라고도 말할 수 있다.

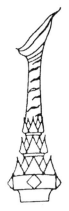

손의 동태

　우리들 상반신의 동태는 상지上肢, 즉 팔·손목·손가락이 중심을 이룬다. 양손의 손가락을 맞추어서 여러 가지 표현을 언어 대신 사용하는 인도 무용인 무드라는 단순한 손짓일(Hands gesture) 뿐만 아니라, 인간 사이의 전달매체로써 비언어적 기능을 가능하게 했다고 말할 수 있다. 그러나 팔·팔꿈치·어깨로 오면 그 표현 행위는 손가락과 달리 언어를 만들어낼 가능성은 적어진다. 이 팔이 가진 에너지는 공간의 크기 속에서 훌륭하게 나타난다. 그때 양팔이 자유로워지면 표현은 커진다. 만약 한쪽 손에 무엇인가를 잡고 있거나 들고 있으면, 표현은 말할 필요도 없이 좁아지게 된다. 또한 양손으로 물건을 쥐면 그 표현은 그 매체물에 속해 버린다. 예를들면 막대기를 양손에 들었을 때, 그 막대기가 신성한 나무의 한 가지였다면 그것은 신체의 에너지를 성스럽게 만든다고 생각한다. 이것은 한쪽 손에 들고 있더라도 마찬가지라 할 수 있겠다.

　그러나 이와같이 어떤 물건을 쥐고, 들고, 붙잡는다는 동태는, 손과 손가락을 해방시킨다거나 벌린다거나 하는 것에 상반되는 동태이기도 하다. 이 두 가지 손의 동태는 갓난아기가 며칠 지나면 반복하는 모습임을 알 수 있다. 처음에는 작은 동태로, 그 정도로 세게 잡는 것이 아니라 깨어있는 동안 쉴새없이 반복한다. 이 동태는 단순한 운동일 뿐 아니라

◉캄보디아 궁정무용의
손가락 표현……上
①경건한 표현
②우아하게 물건을 가
리킨다
③사슴을 나타냄
◉캄보디아 궁정무용수의
손의 표현……下

생명을 받은 갓난아기가 성장하는 데 본능적으로 필요한 행위이다. 마치 손가락을 오므린다거나 펼친다거나 함에 따라서 호흡하고 있는 것처럼, 쥘 때 숨을 들이쉬고 펼 때 숨을 내쉬고 있는 것이다. 이 숨은 우리들이 하고 있는 코의 호흡, 즉 호흡이라기보다는 어머니의 태 속에서 생명을 얻었을 때의 태의 호흡 리듬에 가까운 것이다. 그 태의 호흡은 인간이 행하는 후천적인 호흡 속에서 이루어진다. 즉 갓난아기가 이 세상에서 생명을 얻어 인간으로 성장하면서 리듬이라는 것을 손으로 나타낸다고 말할 수 있다. 더욱이 갓난아기가 손을 움켜잡는 동태는, 신체의 생명축을 향한 내적인 에너지의 영향이며, 펼치는 것은 생명축에서 밖으로 향하는 에너지의 영향이다. 이와같이 갓난아기는 태어남과 동시에 잠들어 있는 상태에서 벌써 신체의 동태를 행하고 있는 것이다. 여기에서의 두 가지 상반되는 동태에서, 역시 발의 행위에서 서술한 것처럼 인간에게 부여된 에너지의 수축과 확산을 볼 수가 있다.

이와같은 동태는 이윽고 태내의 호흡상태에서 벗어나 호흡하게 됨과 동시에 다른 것으로 변화한다. 그것은 손가락, 손바닥에서부터 팔의 순서로 점차 발전적인 신체적 기능으로서의 움직임을 갖게 되는 것이다. 그리고 팔을 사용하여 신체를 지탱하고, 중심을 유지하며, 어떤 물건을 잡거나 놓거나 함에 따라서 갓난아기가 했던 그 동태를 잃어버린다. 여기서 손에 쥐었던 물건은 그 물체를 에너지화하여 이윽고 다른 물체로 움직여간다. 그때 손가락이 그 물체를 향하여 끌어당기고 펼치는 동태가 비로소 행해진다. 이것을 반복함으로써 물체를 손에 넣는 방법을 배우게 된다. 물론 손을 끌어당긴다거나 뻗친다거나 할 때는, 신체 자체가 그 물체에 대한 새로운 동태를 보여 준다. 이와같은 신체 상반신의 동태는 갓난아기의 손에서 보이는 에너지의 수축과 확산에서 발달한 것이라 할 수 있겠다.

여기서 고대 사람들의 생활을 상기해 보자. 그들은 자신들이 살고 있는 공간이 도대체 어느 정도인지 전혀 상상할 수 없었다. 대지는 광활하고 하늘을 올려다보면 푸르렀다. 밤에는 헤아릴 수 없는 별이 빛나고 있었으나 자신들과 별의 거리를 측정할 수도 없었다. 그렇지만 살고 있는 지역에서 조금 떨어지더라도, 다시 자기가 살고 있는 곳으로 사람들은 되돌아올 수 있었다. 또한 자신을 둘러싸고 있는 자연현상은 그들에게 자연의 리듬을 가르쳐 주었다. 즉 태양이 솟아오름과 기움, 낮과 밤, 조수 간만의 차 등이 있고, 그러한 것에서 시간의 개념이 생겼으며, 자연의 크기인 공간과 함께 자신과 주위세계를 알게 되었다. 이처럼 자연에 호응했던 고대 사람들의 신체는 본능적으로 동태를 만들어냈다. 중국의 《회남자淮南子》〈제속편齊俗篇〉에는 『상하 사방을 우宇라 하고, 예로부터 지금까지를 주宙라고 한다』라고, 예로부터 우주가 지닌 뜻을 나타내고 있다. 즉 우주는 무한한 공간과 무한한 시간의 세계이다. 이것은 우주적인 에너지가 호흡하는 것처럼 수축하고 확산하고 있는 동태를 표현하려고 했던 언어이기도 하다.

이러한 가운데에서 손의 행위는 일상생활에서 표현의 가능성을 넓혀갔다. 그것은 손의 표현 행위는 발의 행위와 달라서, 그 자리에서 공간을 자유로이 표현할 수 있기 때문이었다. 예를들면 어린아이를 바다로 혹은 산으로 데리고 갔다고 하자. 이 아이에게 있어서 바다와 산의 크기는, 자신의 시야에 비치는 범위로는 다 담을 수 없는 넓이일 것이다. 그 놀라움을 표현하기 위해 그림을 그린다면 자신의 모습을 작게 그릴 것이다. 그렇지만 사람과 이야기할 때, 어린이의 감동은 말보다도 신체로 표현하는 경우가 많다. 만약 그 크기를 어린아이의 말로 표현하지 못하면, 아무래도 팔 전체를 사용하여 양팔을 크게 펼칠 것이다. 손가락만으로 표현하면 그 크기는 작아져 버린다. 그러나 무언가 작은 것을 말할 때는 엄지손가락과 집게손가락으로 그 길이를 표현할 수 있다. 이와같이 팔은 어떠한 공간도 스스로 신체화하고 자유자재로 표현할 수 있게 되었다. 이것은 인간으로서의 신체 기능이 많이 발달한 것을 나타내고, 무용에서 공간 표현의 가능성을 넓힌 것이라 말할 수 있다.

인간이 양손을 위로 올린다는 것은 일상적인 동태가 아니라고 한다. 예를들면 만세와 같이 양손을 머리 위로 올리는 것은 특수한 경우 이외에는 하지 않는다. 즉 양손을 올리는 것은 비일상적인 행위이며, 다시 말하자면 확실히 의식적·상징적인 동태라 할 수 있다. 그렇게 보면 이슬람교도가 신을 숭배할 때의 양손은 확실히 종교의례의 한 가지 동태이다. 이것은 마음의 해방을 의미하기도 하고 신을 향해 경건함을 나타내기도 하는 것이다. 이 양손을 올리는 동태는, 무용 속에서는 별로 보이지 않는 모습이지만 종교적이며 의례적인 것에서는 인간이 환희를 나타낼 때 하늘을 향하여 손을 들어올린다. 상징적으로 하늘을 향하여 들어

9　10　11　12　13　14　15　16

25　26　27　28　29　30　31　32

41　42　43　44 MUDRAKHAYA　45　46　47　48

57　58　59　60　61　62　63　64

73　74　75　76　77　78　79　80

89　90 MUSTI　91　92　93　94　95　96

105　106　107　108　109　110　111　112

⊙ 카타카리에 이용하는
손의 언어인 무드라

올린 손을 신체를 향해 단숨에 내리는 경우도 있다. 이것은 하늘의 에너지를 몸에 흡입시키기 위한 동태이기도 하다. 이와같이 발의 동태가 뛰어오름에 의한 확산과 동시에, 천상으로 그 확산을 펼칠 때 인간의 손은 상공으로 열린다. 즉 확산의 에너지 발양發揚이 손으로 표현된다. 한껏 펴졌던 신체가 대지 쪽으로 내려올 때는 에너지가 수축되지만, 올리고 있는 손은 그 수축의 정도를 중심축으로 모아 그것을 사용한다.

이와같은 손의 행위는 상반신의 유일한 표현형태이다. 손이라 하더라도 손을 중심으로 하는 동태는 손가락·손목·팔·팔꿈치 그리고 어깨로 표현되어 있다. 의학적으로 손과 발의 신체적 기본 골격은 상지와 하지, 손목과 발목, 손가락과 발가락이 같으며, 관절인 손목·팔꿈치·어깨를 중심으로 인간의 가능한 표현형태가 만들어진다. 그래서 지금 또다시 고대의 무용 속에서 손의 행위가 어떻게 사용되어 왔는가를 고찰해 보고자 한다.

무용이 종교적인 색채를 강하게 띠면 띨수록 발의 행위가 중요한 의미를 가져왔음을 이제까지 언급한 바 있다. 의식성이 모든 생활의 규범이 되고 있다면 그것만으로도 신체 표현은 의식성을 지녔다고 할 수 있지만, 수족이 대지 쪽으로 향하면 에너지가 강하게 작용하는 것은 생활의 식의 현상일지도 모른다. 즉 이것은 농경생활이 이루어지고 있던 것을 신체 동태가 기억하고, 전승시켜왔다고 말할 수 있다. 그렇다면 상반신의 팔을 중심으로 하는 동태도 볼 수 있을 것이다. 그러나 다리에 비해 부차적인 것은, 인간이 천지간에 살면서 항상 대지와 접촉하는 농경을 주업으로 삼았으므로 대지 쪽에 중요성을 두었기 때문일 것이다. 그러나 사람들 마음의 기원이 하늘 쪽으로 향하지 않았다고 할 수도 없다. 그 기원의 동태는 언어보다 신체로 표현되었기 때문에 땅을 향한 에너지는 하늘을 향한 에너지와 상하로 움직였다. 이와같이 손은 춤의 리듬 시간에서부터 공간으로 퍼져나갔던 것이다. 하늘로 올린 양손은, 하늘과 가까워지려는 사람들의 기원이 나타났다고 말할 수 있다. 그 신장伸張 상태는 대지 에너지의 수축이다. 그리고 그 수축이 강해지면 강해질수록, 단순히 늘어나는 것뿐만 아니라 신체 표현 행위가 가능해진다. 즉 날아올라간 공중에서 손은 하늘로 향하고, 착지하는 동안에 갖가지 형태를 만들어낼 수 있다. 그것은 체조선수가 철봉과 링 운동에서 마무리할 때, 그 힘찬 회전과 착지 사이에 특수한 표현 동태를 하는 모습과 비슷하다.

그러나 착지를 위한 에너지는 손 중심축의 수축이 발의 수축 정도를 강하게 한다. 또한 손은 아무런 일도 하지 않는 것이 아니다. 이미 말한 것처럼, 무舞는 상반신을 주로 한 움직임이고, 용踊은 하반신을 주로 움직여서 무엇인가를 표현해왔다. 여기에서 공간적인 동태로서, 무舞는 빙글빙글 도는 동태, 용踊은 뛰어오르는 동태로 지적할 수 있다. 모든 예술이라는 것은 음악은 소리와 악기, 그림은 캔버스와 그림도구, 도자기는 점토와 가마, 직물은 실과 베짜는 기계, 배우는 말과 무대를 사용하는 것처럼 무용은 신체와 시·공간을 소재로 삼는 표현이다. 같은 표현예술이라도 배우가 대사로 무엇인가를 표현하는 것과 달리 무용가는 신체를 이용하여 무엇인가를 표현하는 것으로, 우리들 신체의 상반신과 하반신을 최대한 한 소재로 활용하지 못하면 표현소재가 좁아져 버린다. 물론 언어를 사용하여 전달할 수 있는 것을, 언어를 사용하지 않는 표현형태를 창조하여 우리들의 지성과 감정에 호소해야 했던 것이 바로 인도의 무드라이며, 중국의 무녀춤에서 볼 수 있는 손의 모습이다.

단 인도에서도 일컬어지고 있는 것처럼 무드라에는 정태静態와 동태動態의 두 가지 형태가 있다. 정태무드라란 기호화된 손의 언어이고, 우리들이 사용하는 말을 손가락으로 이와같이 표현하는 것이라고 기호화한 것을 말한다.

1978년 남인도에 갔을 때, 인도 무용의 기본이 되는 무드라를 케랄라 카라만다람 무용학교에서 배웠다. 특히 무용극 카타카리에는 5백 개 이상의 무드라가 있고, 그 그림도 보았다. 분명히 모든 단어를 손가락으로 기호화하면 더 늘어날 수 있지만, 여기에는 언어를 사용하지 않는다는 거부의 의미를 완고하게 지키고 있는 무용정신이 살아있다. 이러한 정태무드라는 동태 속에서 비로소 의미를 발휘할 수 있다. 예를들면 바다를 헤엄치는 물고기는 마치 그림에서 뛰어나오듯이 움직인다. 숲 속의 사슴과 호랑이가 눈 앞에 나타나는 것처럼 연기하는 것도 정태무드라만으로는 관객에게 전달할 수 없다. 이처럼 동태무드라는 팔·얼굴·발의 행위를 통합하여 그 표현하는 동식물의 정령에 가까워지기 위함이었다.

인도네시아의 자바 무용에서 순바Sunba라는 연희자가 춤추기 전에 한쪽 무릎을 세우고 양손을 합해서 합장하는 모습이 있다. 이 순바도 의식적인 동태이지만 역시 신을 향한 경건함을 표현하고, 이제부터 행해지는 연기를 위한 정신적인 통일이기도 하다. 힌두교와 불교적인 세계를 지닌 곳에서는 이 합장하는 모습이 언제나 보인다. 이 합장하는 모습이 의미하는 것은 명상을 위한 정신통일이며, 우선 코 앞에서 손을 맞추고, 손을 맞춘 곳에 시선을 집중하고 그때 보이는 중심축이 신체의 중심축과 하나가 되도록 기氣를 합친다. 그렇게 하면 손이 흔들리고, 그 흔들림은 팔로 흘러서 상반신에 기가 충만하게 되어 무엇인가가 응집하는 느낌이 들면 점차 발로 흘러간다. 이 양손은 코끝을 통해 보지만 실은 마음으로 보는 것이다. 소위 마음의 눈이다. 마치 신체의 상지·하지에 전기가 천천히 흐르는 것처럼 내면에 에너지가 넘쳐흐르게 된다. 자바 사람들에 따르면, 이 합장 모습은 와얀의 그림자놀이 인형이 인형극에서 인형을 조종하는 사람(다란)의 손을 통하여 비로소 동태를 갖기 시작할 때와 같이, 무용하는 사람의 마음은 세속적인 것으로 생각할 수 없다는 것을 이 순바라는 형태가 가르쳐 주었다. 환언하자면 정신과 신체의 일치에 따라 내재되어 있는 에너지가 자연의 리듬과 감응하고, 우주적인 것과 하나가 되는 방법을 순바는 나타내고 있다고도 말할 수 있다. 요컨대 손을 맞춤에 의하여 이미 조화가 시작되는 것이다. 이 순바의 모습을 취할 때, 팔꿈치는 무릎과 수직이 된다. 이 독특한 포즈는 역시 와얀 인형의 형태에서 모방한 것으로 생각된다.

1973년 발리와 자바의 예능조사에서, 두 섬의 무용형태에 상당한 차이

◉초우의 합장한 모습
플루리아현 토란 마을
……右上
◉발리섬의 인형극에서
인형을 조종하는 사람이
행하는 공연 전의 의례…
……左上
◉와얀의 그림자놀이 인
형……下

점이 있음을 보고 놀랐지만, 특히 중부 자바의 죠구자카르타 궁정(쿠라톤)에서 본 무용 공개연습에서, 남자가 천천히 손과 발을 올리고, 마치 신체 동태가 일상적 시간에 역행하는 것 같은 호흡의 길이를 느낀 적이 있었다. 그들은 신체로 하나의 형태를 만들면서 정신통일을 하고 있는 것처럼, 양손이 천천히 올라감과 동시에 한쪽 무릎의 상지上肢도 팔과 평행을 이룰 때까지 들고 있었으며, 한참동안 지탱하는 동태가 몇 번 보였다. 손을 천천히 어깨 위치까지 들어올리는 것에서, 즉 양손이 시간을 역행시키는 동태에서 다른 공간이 만들어지는 듯하다고 생각하였다. 또 이러한 생각은 발리섬에서 본 의식무용 루잔에서도 느낄 수 있었다. 손을 천천히 올리고 내릴 때는 숨을 한 데로 모으지 않으면 안 된다. 이 호흡을 조절하는 기술은 긴 기간을 걸친 경험에서 얻어지는 것으로 그때 의식은 본래 축의 중심에 두고, 그 축을 상하로 움직임에 따라 호흡이 조절되면 손이 자연스러운 동태를 이루게 된다.

중국 연극에서 기본 동태의 비결로 〈수안手眼·신법身法·보步〉라는 것이 있다. 이러한 신체 동태 중에서도 손의 동태가 가장 중시되고 있다. 예를들면 눈은 마음의 창이지만 연기할 때 눈은 손에 의하여 움직이고 손은 마음에 의하여 움직이므로, 손은 확실히 마음을 표출하기 위한 수단으로 사용된다. 춤을 추어서 기쁜 모양을 『손이 춤추고 발로 밟는 상태를 알지 못한다 不知手舞足踏』라고 하는 것처럼 손과 춤, 발과 밟는 것의 관계를 옛부터 비유해왔는데, 이것은 춤이 손으로 표현되고 밟는 것과 무용이 발로 표현되어 왔음을 알 수 있다. 당대 시인 두보杜甫의

칠언고시에 〈빈교행貧交行〉이라는 것이 있다.

　　손바닥을 위로 펴면 구름이 되고
　　아래로 엎으면 비가 되나니
　　이런 경박한 사람
　　어찌 이루 다 세리.

　　그대는 못 보았는가
　　관포의 가난할 때의 사귐을.
　　그런 도道를 지금 사람은
　　흙덩이처럼 다 버린다.

　　翻手作雲覆手雨　　紛紛輕薄何須數
　　君不見管鮑貧時交　　此道今人棄如土

　이 시는 지금의 친구관계라는 것이, 마치 손바닥을 위로 펴면 구름이
되고 또 엎으면 곧 비가 되는 것처럼 변화가 심함을 노래한 것이다.
이 시에서 손의 표현형태를 알 수 있는 것은 흥미있는 일이다. 즉 손바
닥을 엎는 것처럼 간단히 일체의 사물, 교우관계가 바뀌어지는 것을
상징하고 있다. 이와같은 신체의 동태, 즉 손의 행위가 시 속에서 불리워
질 정도로 일상적인 동태가 되었지만, 이것은 고대의 회화나 벽화에서도

많이 보이는 손의 모습이며, 그 신체 표현은 아마 무녀의 춤으로 거슬러 올라갈 것이라고 생각했다.

중국의 무녀춤에서는 손의 움직임을 손힘이라 하며, 옛날부터 여기에 음양이원적인 생각이 깃들어 있다고 믿었다. 예를들면 왼손이 음, 오른손이 양이고, 손을 뒤집으면 음이고 다시 뒤집으면 양, 손을 움켜쥐면 음이고 펴면 양, 손을 아래로 내리면 음이고 위로 올리면 양이라고 했다. 더욱이 양은 강하고 선하며, 음은 부드러우며 악하다고 하였다. 손이 움직일 때는 반드시 오른손이 왼손을 감싸듯이 하고, 절할 때는 왼손을 오른손으로 덮어씌운다. 이것은 선이 악을 누르는 의미를 손으로 나타내는 것이다. 이와같은 음양은 도교에서 신체 대부분에 걸쳐 사용되었다. 신체의 앞쪽을 음, 뒤쪽을 양으로 하는 것을 기본으로 삼아 인간의 신체는 음양이 하나가 되는 원리를 우주원리와 비교하는 것이다. 이 원리가 손과 발에도 응용되었다. 여기에서 손의 음양원리를 살펴보았는데 손을 펴는 것을 양으로 삼는 것은 신체 표현에서, 하늘을 향해 편 손이 손등을 보임에 따라, 손등과 손바닥이 음양의 조화를 이루게 된다. 손바닥을 하늘 쪽으로 향하게 하는 것은 양을 강하게 하는 것이므로, 예를들면 생명이나 국가 등과 관계되는 것으로 강력한 에너지를 필요로 하면 이 손의 상태가 이용될 것이다. 가부끼에서 동서남북과 천지의 여섯 방향의 손도 같은 것이라 말할 수 있겠다. 또한 연희자가 주로 오른손을 들어 사용하면 양적인 동태가 강해지는 것이므로, 적당하게 왼손을 사용해서 손을 내리는 음적인 동태를 덧붙여 춤추면 대조(Contrast)를 이루는

◉돈황 벽화에 묘사된 장
사의 손의 모습.‥‥上
◉전족의 날개춤, 서한시
대 운남성 보령석채산 출
토
동저패기개문식銅貯貝
器蓋紋飾‥‥左中
◉중국 사천성에서 출토
된 관 속에 매장된 그림,
날개관을 쓴 무용수‥‥
右下
◉중국 운남성의 암벽화
에 보이는 날개관을 쓴무
용수‥‥左下

무용이 생겨난다. 일본의 무악舞樂처럼 좌우의 춤이 균형(Symmetry)을 이루면서 행해지는 것은, 그 무대인 우주의 시·공간 속에서 음과 양 두 가지 에너지가 서로 교류하고 있는 상태를 무용으로 표현하고 있기 때문이다. 이와같이 무용은 영원한 우주의 움직임을 표현해온 것이다.

손의 무용태

중국 무용은 무녀춤이 그 기원이다. 그러나 이 무巫와 무舞라는 문자의 어원을 거슬러 올라가면, 갑골문자甲骨文字나 금문金文에 있어서도 같음을 알 수 있다. 중국의 문헌자료에는 주대(기원전 11~8세기)에 이미 문무文舞와 무무武舞라는 두 가지 범주가 정해져 있었다. 이 분류는 실제로 연희자의 양손에 들고 있는 물건에 의하여 구분되었던 점은 흥미롭다. 이것은 당시에 무용과 노동생활이 밀접하게 관련되어 있었음을 보여 주는 것이다. 즉 문무文舞란 손에 깃털(羽旄)을 드는 것을 말한다. 우羽란 새의 날개 종류이며, 모旄는 소꼬리에 달린 깃털의 일종이므로, 확실히 수렵시대의 생활에 있어서 주술적인 것으로써 또는 풍요로운 수확을 거둘 때에 연희했던 것은 아닐까 상상해 볼 수 있다. 운남성 보령 석채산에서 발굴한 동저패기개교식銅貯貝器蓋絞飾에는, 원형으로 진을 치고 손에 깃털을 들고, 머리에 새의 깃털을 꽂고 춤추는 그림이 있다. 이것은 서한西漢(전한, 기원전 202~기원후 8년) 무렵 전족滇族의 날개춤(羽舞)이다. 갑골문자와 종정문자鍾鼎文字도 무의 고문자는 모두 사람이 소꼬리 혹은 새의 날개를 조종하고 있는 모습을 본떠 만들었고, 잡은 사냥감을 분배한 후에 여흥을 즐기는 정경을 보여준다고도 말할 수 있다. 이것이 나중에 의식화되어 춤으로 발전하였으며, 일종의 종교적인 의식무용이 되었다고 한다.

또한 《주역》의 〈점漸 상9권〉에

큰기러기 땅 위에 내려앉으니
그 깃을 의례에 사용할 수 있다.
길하다.

상象에 말하기를
깃을 의례에 사용할 수 있어
길하니 어지럽히지 말아라.

鴻漸于陸, 其羽可用爲儀. 吉.
象曰. 其羽可用爲儀吉, 不可亂也.

라고 기록되어 있는 바 의식용의 장식은, 새의 날개를 고대에 싸움터에서 갑옷의 등에 꽂아 표지로 삼았던 작은 깃발 등에 이용했을 뿐이라고 한다. 그것은 구름 저멀리 날아가는 기러기는 하늘로 날아가 버리고 돌아오지 않지만, 떨어뜨린 깃털은 의식을 치를 때 장식으로 이용할 수 있다고 한다. 근래에 운남성에 거주하는 남방민족 묘족苗族·요족瑤族·고산족高山族·태족傣族·합니족哈尼族·이족彝族·와족佤族·경파족景頗族 등에게는 날개깃으로 장식하여 머리에 꽂고 추는 날개춤이 전승되고 있다. 이 춤은 손을 벌려서 춤춘다. 하늘을 나는 새는 손으로 표현한다. 이것이 점차로 양손에 무기 같은 것을 들고 춤추게 되었다. 이것은 문무文舞가 아니라 무무武舞라는 것이다. 무무란 단순히 무武로도 칭해진다. 무舞가 날개깃을 꽂고 움직이는 모습이라면, 무武는 무기를 들고 걷는 방법이다. 여기서 〈武〉자는 〈과戈〉와 〈지止〉가 합해져 이루어진 것으로 간과干戈(방패와 창) 등의 무기류를 들고 전진하는 모습이며 이는 무기를 지닌 상태를 표현하고 있다.

이처럼 양손에 아무것도 들지 않은 날개춤은, 이윽고 수렵민족으로서 생활에 필요한 사냥감을 얻기 위해 무기를 들고 나타나는 무기춤으로 발전하게 되며 머리에 새의 날개깃을 장식함으로써 천계의 영력을 몸에 지니게 됨을 의미하며, 무기를 손에 든 모습은 매우 용감하고 힘찬 민족의 상징이다. 원형으로 진을 치며 빙 둘러서서 추는 춤은 짐승과 적을 포위하는 것을 표현하고, 그 원을 이룬 것이 2열, 3열로 나타내어진 것은 그 민족의 강인함과 방대함을 의미한다. 1980년 대만의 대남공자묘台南孔子廟에서 공자제전을 본 적이 있다. 이곳에는 이른바 팔일무八佾舞·육일무六佾舞라는 춤이 전승되고 있는데 여기에서 일佾이란 행렬이며,

◉날개춤

　말레이지아……右上

◉대만의 대남 공자묘에

　서……左上

◉날개를 사용한 수렵민

　족의 무용

　인도……下

손에 날개깃을 들고 추는 문무와 무기를 들고 추는 무무를 볼 수 있다. 이 춤의 동태를 보면, 조용한 움직임일 때는 분명히 날개춤이지만 손에 무기를 들고 나서부터는 무기춤이 된다. 이것은 아마 날개춤에 무기춤의 요소가 부지불식간에 흡입되었기 때문인지도 모른다.

그러면 좀더 무기춤을 살펴보도록 하자. 손에 간척干戚을 쥔다. 즉 간干은 방패, 척戚은 도끼와 비슷한 무기인 것에서도 인간과 짐승 혹은 인간끼리의 고대사회에 있어서의 수렵 및 부족간의 전투가, 이윽고 수렵을 나가기 전에 행하는 감염주술(sympathetic magic)이 되어 전승한 기쁨을 형태로 나타내는 무기춤이 되었다. 명칭은 무기춤만큼 적확하게 표현되어 있지는 않지만, 어느 민족에게나 이 무기춤과 비슷한 무용이 존재했던 것을 상상할 수 있다. 그러나 이와같은 감염주술과 전승의 무용은, 연희자의 해석에 따라 신체의 동태를 생각해 보면 격렬하고 무시무시하게 싸우는 모습을 연기함에 따라서 정신이 고양되고, 사냥감 혹은 적의 눈에 띄지 않는 주술로써 정신적인 충실감에 의하여 자신의 세계로 종속시키고, 굴복시키는 것이 주된 목적의 표현이라 할 수 있다.

인도의 비하르주 세라이케라 궁정에 전해오는 쵸우에 사냥꾼의 무용으로 사바르(Sabar)가 있다. 이것도 역시 사냥꾼측의 정신상태의 충실 정도에 따라 사냥감을 얻을 수 있는가 없는가의 결정을 나타낸다. 사냥꾼의 정신이 충실하지 못하면, 사냥감에게 가까이 접근했을 때 인간의 숨소리를 알아채 버린다. 예를들어 격렬하게 숲 속을 뛰어다녀도 그 호흡은 일정하여 마치 공기와 같이 긴 호흡을 해도 상대에게 숨소리를

◉앙코르 와트의 무용수

조각상……上

◉동말레이지아 무용수의

손가락 표현……下

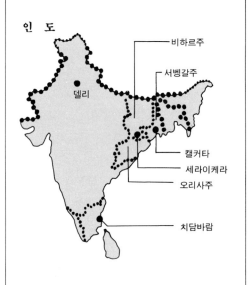

인 도

델리

비하르주

서벵갈주

캘커타

세라이케라

오리사주

치담바람

느끼지 못하게 해야 한다. 동물은 인간의 숨소리를 느끼면 달아나 버리는 본성이 있기 때문이다. 그때의 표현상태는 예를들어 높이 뛰어오르려 해도 호흡을 자유롭게 조절할 수 있는 것은, 그것이 양손에 의해 이루어지기 때문이다. 예를들면 우리들이 단거리든 장거리든 달리기를 했다고 하자. 골인 지점에 닿았을 때의 주자는, 격렬한 운동을 한 뒤라서 호흡이 곤란해졌을 때, 팔을 넓게 벌리고 어깨로 호흡을 가라앉힌 경험이 누구나 있을 것이다. 팔을 벌리면서, 호흡의 가파름은 양어깨에서 양팔, 그리고 양손으로 흘러가는 동안에 신체는 원래 상태로 되돌아간다. 이때 양손은 호흡을 조절하는 역할을 한다고 볼 수 있다.

이것은 격렬한 운동을 한 경우이다. 분명히 양어깨, 양팔이 움직이는 신체기능은 단순히 회전하는 것과 길게 뻗치는 것에 그치지 않고, 정신의 혼란을 회복시키는 데 중요한 역할을 한다. 그렇게 보면 양팔과 어깨의 신체 동태가 외부로 향한 동태가 아니라 내부로 향한 정태가 될 때 정신적인 통일로 응집되는 것이며, 그것이 엉기어 굳어지면서 눈으로 볼 수 없는 것과 교류가 이루어져서 사냥감이 숨소리를 느끼지 못하는 것이라고 생각할 수 있지 않을까.

신들과 영혼이 서로 통하게 될 때에, 이른바 위아래로 뛰어 오르내리는 동태와 급선회하는 동태 등 격렬한 움직임 속에서 신이 내리는 탈혼 脫魂(Ecstasy)상태의 무용표현과 움직이는 범위도 한정되어 있고, 직선적 혹은 곡선적으로 조용한 상태에서 거행되는 동안에 이루어지는 황홀상태의 무용표현의 두 가지 형태가 있다. 이 동태가 본능적으로 혹은 무의식

◉ 콘

타이. 그림자놀이 연
극, 난야이와 유사한 동작
이 섞인 배우극으로 와얀
크릿트와 와얀 온의 관계
와 같다…右上

◉ 그림자놀이 연극, 난
야이

타이. 그림자놀이와 같
은 모습을 취하는 그림자
놀이 인형극에서 인형을
조종하는 사람…左上

◉ 배우극, 와얀 온

그림자놀이 인형극와
얀 크릿트의 인형동작이
배우극에도 받아들여져
배우는 옆을 바라보며 연
기를 하고 있다…下

적으로 만들어내는 것이다. 그 속에서 정태에서의 황홀상태가 손에 의해 이루어진 예를 발리섬 산얀 춤에서 볼 수 있다. 양손의 표현은 정신의 응집을 나타낸다. 손은 중심축에서 한 번 밖으로 뻗치고·안의 중심축으로 되돌아온다. 그렇게 될 때 황홀상태가 이루어져서 신령이 빙의한다. 신이 내리기 위해서는 신이 내리는 측의 마음에 잡념이나 혼란함이 없이, 오직 신령을 맞아들이는 데 자신의 정신을 집중시킬 뿐이다. 일단 신이 내리면 연희자의 신체는 마음 속에서 신령과 교류가 가능해지게 되므로, 외부인 신체는 신령의 생각대로 움직여지게 되는 것이다.

이 신령이 현현된 신체의 동태는, 예를들자면 남인도 치담바람에서 볼 수 있는 무용 바라타 나티얌의 무용 조각상이나 캄보디아의 불교 유적 앙코르 와트 무용수 조각 등에서 볼 수 있다. 치담바람의 조각상은 성인 바라타 무니가 신령에 의하여 무용·음악·연극의 표현을 인간의 신체를 소재로, 신들이 창조하여 세계에 보여 준 신들의 신체표현을 108장의 판넬상에 나타낸 것으로써, 이와같은 조각상이야말로 신이 그린 신체표현상이었다. 이러한 정적인 무용 조각상과 동적인 신체에 따른 무용에는 상호 교류되는 것이 있다. 그 중에서도 발리섬과 인도 무용에는 신들의 표현 가능한 모습이 발견된다. 이와같은 무용에서 볼 수 있는 신체표현은, 바꾸어 말하자면 정태의 발리섬 무용과 동태의 인도 무용이라 말할 수 있겠다.

발리섬에서는 정신이 안으로 모여들어 굳어지는 것이 신령의 뜻을 그대로 나타내는 것이므로, 두 소녀가 춤추는 레곤에서는 소녀들의 신체

표현을 보면 알 수 있듯이 극단적으로 허리를 구부려서 중심이 아래로 향하는 것을 양팔의 팔꿈치가 어깨 위치에 닿는 것으로 나타낸다. 이것으로 그 중심을 조절하는 것이다. 이 모습은 예술적인 아름다움이 더해질수록 세련미가 넘쳐흐르게 된다. 발리섬 무용의 아름다움은 이 모습에 있다고 해도 과언이 아닐 것이다. 우리가 무용의 아름다움을 이 모습에서 발견한다는 것은, 이것이야말로 신이 표현하는 최고의 모습이라 말할 수 있기 때문이다. 이것은 신이 인간의 마음과 하나가 되지 못하면 불가능한 것이며, 신체를 소재로 한 신의 창작품이기도 하다.

이와같은 발리섬의 무용을 살펴보면, 신이 표현할 수 있는 행위는 실제로 그림자놀이 인형의 모습과도 같다고 할 수 있다. 어떤 사람은 발리섬의 무용은 와얀 인형을 모방한 것이라고 한다. 확실히 인도네시아의 연극의 근원을 고찰해 보면, 옛 모습으로 일컬어지는 것으로 와얀 푸루와(Wayang Purwa)라는 그림자놀이 인형이 있다. 그것에서 극적인 발달을 한 배우극 와얀 온, 가면무용극 와얀 토펜 등이 창작되었으므로 인간이 연기하는 신체표현에도 인형의 모습이 받아들여졌을 것이라고 생각할 수 있다. 그러나 지금까지 보아왔던 것처럼 인형과 인간의 모습에서 유사성을 발견할 수 있다면 그것은 모두 신의 창조물이기 때문이며, 가죽을 소재로 신이 인간을 창조하려고 한다면 그림자놀이의 와얀 인형의 모습이 되는 것은 같은 원리일 터이다. 그리고 인간의 신체를 소재로 하면, 자바 무용은 정태적 움직임을 지닌 슬림피와 부다야, 더욱이 발리 무용의 의식무 루잔과 같은 엉거주춤한 자세이지만 움직임이 적고 거의 정지되어 있는 가운데에서 정신이 집중되는 표현이다. 한편 발리섬의 무용 레곤과 같이, 우선 무용하는 사람의 내부적인 것과 외부로 나타나는 것이 일치될 때의 자태는 동시에 신의 창조라고도 할 수 있다.

한국에 전해져 내려오는 무속무용은 무가巫歌와 반주·음률·장단에 따라서 춤의 흔들림(춤사위)이 다르다고 한다. 분명히 무당의 동태를 보면 지방에 따라 시끌벅적한 북과 징이 울리며 상하로 뛰어 오르내리며, 급회전을 반복하는 동안에 탈혼상태가 되는 것과, 동태보다 정태 상태에서 양팔을 벌리고 내부로 정신을 집중시켜서 망아상태가 되는 두 가지가 있다. 후자의 행위는 눈으로 볼 수 없는 사악한 영혼에 의해 생기는 재앙·고통·위협 등을 양손으로 막기 위함이라고 하며, 이것을 바람막이 춤사위라고 말한다. 그 대부분이 양손에 따른 표현으로 나타난다. 그 몇 가지 춤사위를 열거해 보면, 〈바람막이〉 몸짓은 양손을 한껏 벌리고 아무런 동작도 하지 않는 정지한 모습 그대로 춤춘다. 〈회오리바람〉 몸짓은 팔을 크게 덮어씌운다든가 뒤집는 등의 동작으로, 그 움직임의 반동을 이용하여 곡선을 그리고 회전하면서 춤춘다. 〈나선 모양〉의 몸짓은 양팔을 신체 앞에서 따로따로 움직이며, 나선 모양을 그리는 동작으로 태극 모양이라고도 한다. 이것은 주역에서 태극(우주의 본체)이 나타내는 것처럼 음과 양의 상반된 힘에서 비롯된 동작일 것이다. 신체의 앞부분에서 따로따로 하더라도 왼손과 오른손은 좌우상칭적인 역동작을 표현한다. 〈카세지루〉 몸짓은 양손을 교차시킨 형태로 춤추는 동작이고, 〈좌우치기〉 몸짓은 양손을 좌우로 흔들면서 춤추는 것 등을

◉무다야
　자바섬……上
◉한국의 전통무용 처용
무……下

말한다.

발리섬의 의식무용 중에 여성이 춤추는 정태인 루잔과, 동태인 펜뎃트와 멘뎃트가 알려져 있다. 이 무용은 손의 위치와 신체내의 에너지 집중도가 다르며, 특히 루잔은 거의 정지한 상태로 양손을 대지를 향해 벌려 정신을 중심축으로 모은다. 한편 펜뎃트와 멘뎃트는 이와같은 정신의 집중도를 통해서라기보다는, 신을 향해 헌신하고 있는 모습을 보여 줌으로써 의식무용이 되는 것처럼 의례성과 상징성이 남아있다. 이것은 이른바 인도의 순수무용 누릿타에 가까운 것은 아닐까. 이렇게 보면 무용의 이면성인 동태와 정태는 확실히 연희자의 정신이 그대로 나타난 모습이다. 동태가 발을 중심으로 표현해온 것처럼, 정태는 손을 중심으로 표현해왔다고 할 수 있다.

일본의 가구라(神樂)·무악舞樂·노우가꾸(能樂)는 양팔의 동태에서 어깨 높이를 표준하여 팔을 중심으로 움직이는 것이 특징이다. 노우가꾸(일본의 대표적인 가면음악극)에서 옛 귀족들의 평상복과 긴 비단 소매 때문에 동태를 볼 수 없을 때도 팔꿈치가 형태를 만들어서 아름다운 동태를 보여 주는 것은, 중국의 돈황벽화와 최근에 복원된 당대의 악무樂舞, 더욱이 터키의 무용에서도 볼 수 있다. 팔꿈치를 세우고 허리에 손을 얹는 형태는 인도네시아 배우극 와얀 오란에서 볼 수 있으며, 그것은 신들을 상징하는 와얀 인형의 모방이 되었다. 일본의 무악舞樂에도 손을 허리에 얹는 동태가 있다. 노우가꾸에서는 이 모습에서 한쪽 손에 물건을 들 때는 한쪽 손은 반드시 〈굽힌다〉고 되어 있다. 한쪽 손으로

⊙펜덴트

발리섬. 신을 향하여

항상 헌신을 나타내는 행

위가 무용화되었다……上

⊙잣트푸에

미얀마. 실로 조종하는

인형의 동태를 모방한 인

형의 몸짓은 아시아무용

중에서도 특수한 것이다

……下

물건을 들지 않으면 양손을 허리에 얹는 것으로 되어 있다. 자바의 가면 무용극 토펜에 이러한 형태가 많이 보이는데, 이와같은 모습은 중요한 연희자가 앞에서 연기하고 있을 때는 무대에 나와 있어도 존재하지 않는 다든가 혹은 움직이지 않는다는 일종의 약속이 되었다.

그것에 비해 일본의 무악에서는 양손을 어느쪽이든 엄지손가락과 집게손가락을 벌려서 허리에 대고 춤추는 것인데, 이와같은 동태를 취하는 것은 한 손에 어떤 물건을 든다거나 무엇을 나타내거나 할 때, 한쪽 손을 내리면 정신집중을 할 수 없기 때문이다. 그러나 인간은 아무것도 하지 않고 서있을 때의 모습을 보면, 어떠한 동태를 취하고 있음을 느낄 수 있을 것이다. 예를들면 양손을 앞으로 또는 뒤로 모으고 있다든가 한쪽 주머니에 손을 찔러넣기도 한다. 또는 무엇인가를 쥐고 있다. 이와같은 동태가 생기는 것은, 아무런 포즈도 취하지 않고 그대로 양손을 내려놓는 것이 본래 중력에 반대되는 까닭에, 그 중력을 유지하려면 양손 혹은 한 손을 사용해야만 되는 손이 신체에서 담당하고 있는 기능을 나타내는 것은 아닐까.

미얀마의 잣트 푸에라는 무용은 실로 조종하는 인형 요쿠테 푸웨 (Yokuthe Pwe)라는 인형의 동태를 모방한 이른바 인형의 몸짓이다. 이 잣트 푸에를 보여 주는 연희자는 허리가 지면에 닿을 정도로 중심을 내리고, 낮은 막 사이로 얼굴을 내민 왕자와 왕비역을 맡은 두 사람은, 웅크린 자세로 마치 실로 조종하는 인형과 같이 위에서 실로 조종하고 있는 것처럼 팔꿈치가 어깨 위치에 놓여져 있다. 그것은 양복이 옷걸이

⊙바라칭기야가남

대만의 난서도。여자들

은 팔짱을 끼고 머리를 전

후좌우로 흔든다。

에 걸려있는 듯한 모습이며, 뒤쪽에서 인형을 조종하는 사람이 살아있는 배우를 인형으로 분장시켜서 놀리고 있는 것처럼 연기한다. 이 팔꿈치의 위치는 발리섬에서 볼 수 있는 것과 같은 모습을 취하고 있지만, 허리는 아름다운 형태를 취하지 못하고 대부분 웅크리고 있다. 이 잣트 푸에의 모습은 실로 조종하는 인형을 인간이 연기하는 것에 흥미가 있다고 하지만, 이와같은 모습으로 연기하는 것은 아시아 무용 중에서도 특수한 것이다.

그런데 무용 중에서 연희자가 팔을 앞으로 모으는 모습은 거의 볼 수 없다. 그것은 팔을 모으는 모습은 무엇인가에 대한 거절·거부의 행위이기 때문이다. 무용극에서 볼 수 없는 것은 아니지만 역시 특수한 모습이다. 그런데 연희자가 복수 즉 두세 사람 또는 네 사람으로 늘어나면 서로 팔을 모으는 것이 무용 속에서 중요한 의미를 갖게 된다.

인도네시아 수마트라섬 최북단에 있는 고도 아체는, 이슬람교가 처음으로 전래된 땅으로 시내에 집이나 상점 따위가 즐비하게 서있는 모양과 풍토에서 이국적인 정서를 느낄 수 있다. 인도네시아에서 이슬람교의 영향이 예술문화 부문, 특히 연극·무용·음악·회화 등에도 미치고 있다. 북말레지아의 이슬람적 경향이 강한 지역의 예능을 조사한 후 수마트라섬 트바 호수로 갔다. 말레지아에서도 옛날부터 내려오는 말레계 민족의 예능과 인도네시아계의 여러 예능을 비교해 보면, 그 차이점보다 각각의 기층문화의 풍부함이 고도로 발전된 문화와 접촉함에 따라 더욱더 풍부해졌음을 느낄 수 있었다. 이곳 아체에 전해오는 무용 **무스**

캇트는 몇 사람의 여성이 땅에 무릎을 꿇고 앉아서 양손을 옆사람에게 얹거나, 때로는 양손을 앞으로 내밀고 손뼉을 친다거나 노래를 부른다. 옆으로 한 줄로 앉은 여성은 남성들이 수렵하러 간 동안에, 서로에게 신경을 쓰며 강하게 결속하여 마을을 지킨다. 그 마음이 서로 바싹 밀착하여 손을 잡고 손으로 박자를 칠 때는 흐트러지지 않게 한다. 즉 춤추고 노래하면서 조화를 이루어가는 것이다. 이때 양손은 뒤로 짝지어 맞추게 된다.

이런 구성이 더욱 강해지면 그들은 서로 팔짱을 낀 채 머리를 전후좌우로 흔드는, 이른바 무용 속에서밖에 예를 찾아볼 수 없는 동작을 취하는데 이것은 대만 남부에 있는 난서도蘭嶼島(예전의 홍두도紅頭島)에서 볼 수 있다. 이 무용은 아미어雅美語로 바라칭기 야 가남이라고 한다. 머리가 이러한 형태로 표현되는 것을 본 일은 처음이었다. 이 난서도의 무용에서 팔의 구성이 몇 가지 형태가 있다는 것을 알았다. 서로 손을 쥐고 뒤로 돌린다. 뒤에서 손을 잡는다. 앞에서 양손을 포개서 손을 잡는다. 양손을 짝짓는다. 양손을 잡고 그 팔을 위로 올려서 손가락을 끼는 것 등이 있다.

이와같은 동태는 팔이 취할 수 있는 행위를 대부분 보여 주었다. 마지막의 양팔을 서로 잡고 팔을 위로 올리는 것은 앞에서 서술하였던 팔을 앞뒤로 흔들 때 취하는 모습이다. 몇 사람의 여성이 한 줄을 이루어 서로 마주 볼 때는 앞으로 팔을 포갠다거나 뒤로 팔을 깍지끼거나 한다. 원형을 만들어 춤출 때는 속도가 가해지므로 손을 잡을 수밖에 없다.

이와같이 팔을 끼는 모습은 섬의 남성들이 고기를 잡기 위해 바다로 나가 버린 후 여성들은 풍어豊漁를 기원하는 마음을 하나로 모아서, 바다에서 고기를 잡고 있는 남편과 자식들에게 영력을 불어넣어 주기 위한 주술적인 행위라고 한다. 머리를 앞뒤로 흔드는 것도, 파도를 일으켜서 그 기세에 고기가 그물에 걸리도록 하기 위해서라고 한다. 인간의 머리카락이 지닌 주술성이 이와같은 형태로 표현되는 것은 흥미있는 일이다. 또한 팔을 밀착되게 끼는 것은, 여성들 사이에 악령 아니트가 침입하지 못하게 하기 위해서 거절하는 뜻이며, 또한 그물에 걸린 고기가 도망가지 못하게 하는 것을 상징적으로 표현한 것이다. 한 줄로 서서 손을 맞잡고 뱀의 걸음걸이를 흉내내며 춤추는 미카로와로와치 아 가남이 있다. 이것은 그들의 뱀신앙에서 발달한 것으로, 뱀을 용신龍神과 동일하게 보는 것이므로 역시 물의 관계에서 풍어와 관계가 있을 것이다. 이 무용에서 팔을 갖가지로 짜맞추는 것은, 뱀이 서로 뒤얽힌 모습을 표현하여 생산과 결부시키는 것일지도 모른다.

아시아 서쪽에 위치한 터키 무용을 보면, 남녀 혹은 남자끼리 손을 잡고 춤추는 것을 가는 곳마다에서 볼 수 있다. 남자끼리는 생산형태인 수렵민의 몸과 마음의 단결이라고 한다. 그렇지만 남녀가 손을 잡는 것은 동유럽에서 전해진 민족무용이며, 남녀가 즐기는 일종의 오락으로 서의 제례의식 속에서 연회되어 온 것이다. 이 포크 댄스는 원래 원무였다고 한다. 무용이 성스러운 것을 중심으로 영혼의 힘을 합하였을 때 외부로 퍼져가는 신령의 힘은, 춤추는 사람의 마음으로 들어가서 때로는 메부레뷔 델루비슈 댄스에서 볼 수 있는 것처럼 격렬하게 빙글빙글 도는

⊙미카로와로와치아 가
남
대만 난서도. 여자들은
팔짱을 끼고 뱀 걸음걸이
를 흉내낸다……上

⊙대만 아미족 무용 오모
토쿠
이랄라이 마을에 전
승되는 커다란 모자와 장
신구를 걸치고 추는 춤이
다……中

⊙메부레뷔 델루비슈 댄
스
터키. 격렬한 선회운동
으로 황홀상태에 이른다
……下

⊙크리슈나와 고피의 신
화를 소재로 한 그림……上

⊙파루마 마을의 쵸우인
고피……下

동작을 취하여 황홀상태를 보여준다. 이 빙글빙글 도는 동태는 사람들의 마음을 강력하게 결합시키지만, 무용수가 손을 마주 잡고 팔을 끼는 것은 연희자에게 상당한 정신적 고양이 없으면 원을 그리는 동안에 원심력으로 튕겨나가 버린다.

인도 서뱅갈주 플루리아 지방 토란 마을에 전해오는 쵸우에, 크리슈나신과 소치는 여인 고피의 신화를 소재로 한 것이 있고, 크리슈나신이 각 고피와 춤추는 동안에 사랑을 나눈다. 크리슈나신의 영력이, 마치 고피와 춤추고 있는 분신인 크리슈나신에게 퍼진 것처럼 힘차게 빙글빙글 돈다. 열 명의 고피와 화신化神인 크리슈나신이 원을 그리며 추는 춤은 우리들의 흥분을 불러일으킨다. 그것은 크리슈나신의 영력을 눈앞에서 보는 듯하다. 이 쵸우에서 원무는, 이제까지 보았던 아시아 무용 중에서는 볼 수 없는 특수한 형태를 가지고 있다.

유럽에서도 윤무輪舞는 손을 마주 잡고 팔을 끼는데, 이것은 서로의 연대감과 친근감, 더욱이 이웃사랑이라는 인간끼리의 관계를 무용 속에서도 받아들인 형태일 것이다. 원 속에 들어가 있는 사람은 그 리듬과 보조를 맞추는 것에서 일종의 기쁨과 만족을 느낀다. 자기도 함께 그 원 속에 들어간다는 만족감이다. 그때 원 속에 들어가는 것뿐만 아니라 손을 잡고 팔을 끼는 것이 더욱더 그 기분을 고조시킨다.

◉ 라다크의 무용
연대감·친근감·이웃
사랑을 나타내는 팔짱을
끼는 동태를 볼 수 있다.

DANCE NOTATION

신체는 공간 속의 무대장치이다. 중국의 경극 배우인 매란방梅蘭芳은 「배우는 움직이는 무대다」라고 하였다. 이것은 경극 무대는 사실적인 장치와 배경이 없고, 배우의 신체에 따른 연기가 형태를 만들어낼 수 밖에 없기 때문에 움직이는 것이 그대로 무대를 만들어내는 것이다. 게다가 신체가 움직임에 따라 저절로 시간과 공간이 어우러져 새로운 세계를 끊임없이 창조할 수 있다. 이와같이 인간은 신체를 움직임에 따라서 그 움직임에 대응되는 움직임과 만난다. 이것이 운동이다. 즉 운동은 언제나 대응운동과 공존하며, 시간 속에서 하나하나가 완성되고 그것이 연속된 모습이다. 이것은 오늘날 비디오테크에서 한 동작의 단편 이 초秒 단위로 움직이게 됨에 따라서 우리들은 과학적으로 입증할 수 있다. 또한 그 움직임을 흐르는 듯이 옮겨가는 것은 슬로 모션으로 알 수 있다. 그러나 실제로 눈 앞에서 움직이는 춤추는 모습은 한순간이 며, 과학적인 눈으로 분석하는 것은 가능하더라도 그것은 무용 중에서 극히 일부에 불과하다.

이 신체의 동태를 기술하려고 한 무용계보(Dance Notation)가 각 나라 에서 개발되어 왔다. 신체운동은 대응되는 움직임의 연속에서 이루어지 지만, 그 운동은 같은 동태를 몇 번이나 반복한 후 어떤 일정한 시간

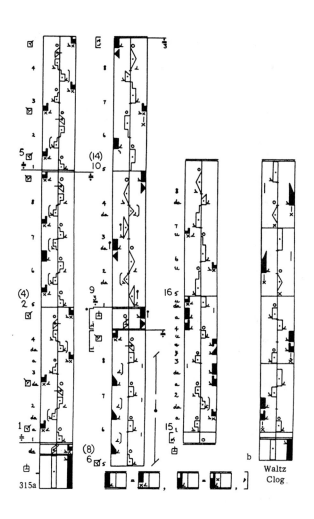

315a

Waltz
Clog.

b

안에 표현동태를 만들어내서 반복한다. 신체가 같은 동태를 반복하는 것은 종교적 의식의 동적 행위로 간주됨은 앞에서도 서술하였다. 그 종교가 갖는 이면성인 엄숙하고 장중한 수축과 떠들썩하고 자유스러운 확산은 역시 신체동태의 가능성을 넓혔다. 이것은 신체뿐 아니라 인간이 대응하고 있는 세계의 이면성에 신체를 대응시키는 것에서 생겨났다. 인간은 신체를 움직이기 위해 운동기기로 일컬어지는 근육·관절·뼈를 뜻대로 능숙하게 사용하여 자유롭게 표현할 수 있게 되었다. 우리들이 신체를 표현하려고 할 때, 먼저 양팔과 양다리의 운동에 의해 이루어진다. 즉 상지인 어깨·팔·손과 하지인 대퇴부·종아리·발을 굴절시키거나 펴는 것에 따라서 많은 표현이 가능해졌다. 이 표현이 무용 속에서 이루어질 때 그 동태는 좌우대칭을 이루는 것이 자연스럽다. 먼저 기술한 종교적 움직임에서는 이 좌우대칭을 이루는 것이 많다. 인도·인도네시아 무용에서, 양손을 합치는 것도 경건한 내부의 마음을 형태로 나타낸 모습이지만, 신들을 향한 정신적 통일은 이 좌우대칭에 따라 이루어지는 것을 알 수 있다.

이것에 비하여 비대칭적인 형태가 있다. 이것은 의식적·작위적인 동태를 나타낼 때 볼 수 있다. 무용에서 종교적 의례성이 세속화되는 동안에 이 비대칭적인 신체의 동태가 많아지며, 무대예술이 되면 특히 좌우가 상반되는 비대칭형태를 취하지만, 역학적으로 에너지의 확산과 수축은 하나의 형태를 만드는 것으로 균형을 이룬다.

이와같이 신체기관으로 본 무용은 항상 보는 측을 의도적으로 의식한 후 표현이 만들어졌다고 말할 수 있다. 그 좌우대칭과 비대칭은 개인에 의한 무용이나 집단에 의한 군중무용의 연출방법에도 받아들여졌다. 즉 무용연출가는 무대라는 공간 속에서 신체의 동태를 가지고 표현을 만들어내지 않으면 안 된다. 이 신체 무용태의 좌우대칭, 비대칭을 무용 기술한 루돌프 라반의 라반노테이션(35페이지 참조)은, 기본적으로 신체를 중심으로 하는 신체축과 좌반신, 우반신의 세 가지 측면에서 기술하는 방법을 만들어냈다. 이것은 더욱더 발전하여 왼쪽 혹은 오른쪽 반신의 손과 발의 동태와 그것이 어느쪽으로 향하고 있는가 하는 방향(공간), 그리고 그 동태의 시간적 경과도 신체의 상징기호를 이용하여 선線 위에 기입할 수 있게 되었다. 또한 프리드리히 존Friedrich A. Zorn의 기록은 신체의 동태를 그림으로 나타낸 신체상身體像(Pictograhical Symbol)으로 표현하고 있다. 특히 예전의 인도 고전무용은 상형문자적 상징이 아니라 무용자의 신체의 동태를 화상畵像으로 나타내고, 그 화상과 함께 시간(타라)과 리듬이 기록되거나, 화상으로 신체의 동태를 표현하는 기록술이 받아들여졌다.

최근 서구의 무용단에 받아들여지고 있는 무용기록법은 베네슈 댄스 노테이션(Benesh Dance Notation)이다. 이것은 음악 악보에 맞추어 신체의 단위(머리·어깨·허리·무릎·발끝)를 나타내는 오선보로 정해져 있는 신체 동태의 상징을 이용하여 기록한 것이다. 더욱이 레오니드 마신Leonide Massine의 동작 기록법(Movement Notation)은 악보와 비슷하지만, 제2선에 상반신과 머리, 제3선에 양어깨와 양팔, 제4선에 양다리의 동태를 기보記譜하고, 상세하게 관절의 골절 정도와 회전방향, 각도를 상징기호로 기입할 수 있다. 이와같은 신체 동태의 표기는 무용에 있어서 동태를 어떻게 기록화하여 남겨놓는 것이 좋을까, 라는 목적에서 개발된 방법이다. 지금은 더욱더 과학적인 방법으로서 비디오와 16밀리 필름을 사용하여 활발하게 연구가 진행되어, 신체의 동태가 규명되고 있다.

그러나 이러한 표기법도, 역시 그 신체를 소재로 하는 인간이 표현하는 능력에 따라 표현양식도 달라진다는 것은 말할 필요도 없다. 그리고 그것이 보는 사람을 의식했을 때 그 표현동태는 변화한다. 특히 그 표현태는 서양 여러 나라에서는 양팔과 양다리를 신축하는 형식을 많이 갖고 있다. 한편 아시아 여러 나라에서는 팔다리의 굴절과 신장을 중심으로 무용이 만들어졌다. 이것은 수렵민족과 농경민족의 문화적 표현양식이 반영되었기 때문이라고 말할 수 있다.

이와같은 인간의 신체동태는 단순히 신체의 기능 부위에 맞추어서 자연스럽게 만들어낸 것이 아니라, 어떤 목적을 의식했을 때 심신이 통합되어 표현되어가는 것이다. 특히 무용의 기본태는 수족의 동태에서 표현 가능성이 생겼다고 할 수 있다. 그것을 아시아 각지에서 현지답사로 얻은 것을 중심으로, 수족의 동태에 보이는 가능성을 생각함에 따라 아시아 무용의 특징이 되는 수족 굴절과 신장표현을 밝혀냄과 동시에 신체가 표현해낼 수 있는 가능태와 세계와의 관련을 보았다. 우리들이 신체를 움직이고 표현해 온 것은, 우주에 넘쳐흐르는 에너지와의 교류를 끊임없이 희원하는 인간의 바람이 신체화된 것이고 그것이 바로 무용이 되었다고 말할 수 있다.

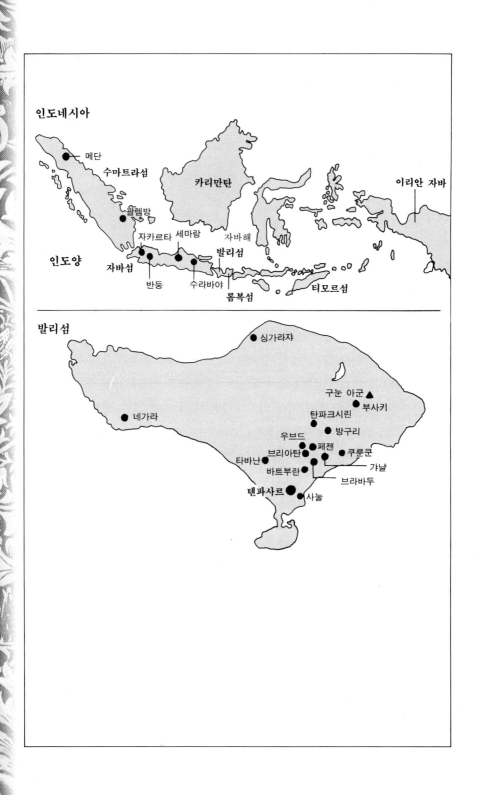

인도네시아

메단
수마트라섬
카리만탄
이리안 자바
팔렘방
자카르타 세마랑
자바해
발리섬
인도양
자바섬
반둥 수라바야
롬복섬
티모르섬

발리섬

싱가라쟈
구눈 아군 ▲
네가라
부사키
탄파크시린
우브드 방구리
브리아탄 페젠
타바난 쿠룬쿤
바트부란 갸날
브라바두
덴파사르 사눌

상상 속의 영력靈力에서 생겨난 성수聖獸 바론
········ 인도네시아, 발리섬

바론 댄스의 탄생

　발리섬 각 마을에서 처음 현지답사를 하고 있을 무렵, 저녁이 되자 어른·청년·아이들로 이루어진 열 명 정도의 남성들이 막대기에 작은 징을 줄로 묶어서 두 사람의 남자 어깨에 메고 소리를 내면서 걷고 있는 광경을 자주 목격하였다. 멀리서 징 소리가 들려오자 무엇인가 시작될 것이라는 필자의 기대가 그들에게로 발걸음을 옮기게 하였다. 선두는 사자와 같은 동물(나중에 이것이 바론이라는 성스러운 동물이라는 것을 알았다)로, 두 사람이 앞다리와 뒷다리에 들어가 걷고 있다. 그들은 행렬을 이루고 있다.

　발리섬에서는 사원의 오다란(제례)이 행해지면, 옷을 잘 차려입은 여성이 공물을 머리에 이고 길 위를 일렬로 걷는 광경을 가는 곳마다에서 보았다. 커다란 축제가 있으면 그 행렬의 길이는 연속적으로 이어진다. 발리의 정월(뉴피) 제례 때 해안의 제례 장소에는 각 마을 사람들이 집단을 이루어 걷고 있다. 이와같은 행렬의 형태는 보통 생활 속에서는 거의 찾아볼 수 없는 형태이므로 비일상적 행위로 간주된다. 발리섬에서 이 비일상적 행위는 종교적인 제례의식과 관련이 있다. 게다가 행렬이라는 형태는 사원이라든가 제례 장소, 특별히 가설된 장소 등 성스러운 영역과, 그곳으로 이르는 길을 정화한다는 의미로 마을 사람이 거행하게

된다. 그렇게 보면 저녁에 여러 명의 남성들이 바론을 선두로 작은 징을 울리면서 행렬을 짓는 형태는, 중국과 일본의 사자춤 행렬과 비슷하다고 말할 수 있다. 중국에서 사자는 불교의 보급과 함께 상서로운 짐승 즉 행운의 신을 상징하는 동물이었고, 사악한 기운을 없애는 신앙으로 어떤 종교의식에서나 선두에는 사자의 행렬과 사자춤이 행해져 왔음을 생각해 냈다.

발리섬의 바론이 연극적 구성을 갖기 이전의 형태는, 이와같은 행렬에서 볼 수 있는 사악한 영혼, 여기에서는 사악한 악마 세계의 란다를 위시한 악령이 마을 영역내에 들어오지 못하도록 하는 신앙이 동태로 되어 형태로 나타낸 것이라 생각하였다. 이와같이 발리섬 안에서 바론이라는 신성한 짐승의 출현과 그 본래적인 기능을 이해하기 위해서 그들의 상호관계를 명확히 해둘 필요가 있다.

바론은 바나스파티 라자(숲속의 왕)로 불리고 있다. 보통 인간은 볼 수 없는 악령들의 모습은 질병과 죽음이라는 공포스러운 형태를 띠고 나타내기 때문에, 마을 사람은 영적 능력을 지닌 승려에게 악령 액막이를 부탁한다. 그러나 현세계에서 영적 능력을 지닌 것은 승려뿐 아니라 동물에게도 있다. 발리에서는 이러한 동물이 영묘한 짐승이 되어 사악한 것을 몰아내 길하게 한다고 믿고 있다. 동물과 무용의 관계, 혹은 사람들이 어떻게 동물을 취급하고 있는가를 기록해둘 필요가 있다고 생각한다. 발리섬 사람들은 이른 아침부터 공물을 만들어 길 위에 놓아둔다. 이것은 지상 가까이에서 배회하는 사악한 영혼에게 바치는 것인데, 그 공물

의 정성이 받아들여지면, 그 주위를 돌아다니던 개가 먹어버린다. 아무래
도 이 공물은 개에게 바쳐지고 있는 것 같다. 일반적으로 개는 낯선
사람을 냄새로 분간해내는 능력을 갖고 있으므로, 인간이 잠든 조용한
시각에도 정확하게 느끼고 짖는다. 이러한 것은 인간이 갖추지 못한
본능이다. 이렇게 해서 이 개가 영적인 존재가 되었다고 하는 것이 바론
아스(영악한 개)이다. 개 모습을 한 바론은 발리섬 안에서도 서쪽 지방의
다바난에 있는 파쥰 사원밖에 없다. 조상의 영령을 기리는 가룬간의
제사에는, 이 바론이 마을 사람에 의해 이웃 마을로까지 들고 나온다.
그것은 자신들의 마을 속에서 살고 있는 사악한 영혼을 큰 제사 때,
바론 아스의 절대적인 힘으로 쫓아내기 위해서라고 한다. 또한 바론
방칼(멧돼지)에게도 같은 영적 능력이 있다고 믿고 있다. 이 바론은 검정
색·흰색·노랑색·빨간색 수직물로 등나무 줄기를 대서 만든 신을 신고
숨어있다. 바론 방칼은 길 위에서 연기하며 행렬을 지어 마을에서 마을
로 돌아다닌다고 한다. 특히 이 연희는 병을 고친다고 한다. 이것은 마치
자바에서 볼 수 있느 토펜 바란간(Topeng Barangan)과 관계가 있을지도
모른다. 즉 연희형태가 큰길에서 행해지는 예능이 되었기 때문이다. 바란
간이란 도상이나 각 마을을 〈돌아다닌다〉라는 의미의 〈바란〉을 어원으로
하는 것으로, 일찍이 바론에 대한 신앙이 세속화되어 가는 과정의 형태
로 보인다.

　　그러나 잠깐 발리에서 자바로 눈을 돌려보면, 동자바 지방에서는 죠코
루돌이라는 빨간 가면을 쓴 남자가 용감하고 영악한 동물 싱가 바론과

싸우는 무용극이 있다. 이 싱가 바론의 싱가는 〈사자〉로 해석되지만, 그 형태는 호랑이이다. 머리 부분에는 공작의 날개를 관冠처럼 쓰고 있다. 이 싱가 바론은 실제로 발리의 바론 마찬(호랑이)과 같은 형태라 할 수 있다. 실제로는 자바나 발리에는 사자가 없다. 그 모습은 오늘날에도 수마트라섬에서 볼 수 있는 다투라고 하는 호랑이와 닮았다고 한다. 발리에서는 바론 마찬도, 다바난의 파쥰 사원에서밖에 볼 수 없다. 아메리카 인류학자 젠 펠로에 따르면, 수십 년 전 특별한 사원(푸라 다렘)이 건립되었을 때 신의 〈자리〉에 바론 마찬과 란다를 놓아두었지만, 바론 마찬은 이윽고 갖가지 신령한 짐승의 모습을 받아들여 머리 부분을 만들어서 바론 케켓트(Barong Keket)가 되었다고 서술하였다.

이 바론 케켓트는 짐승 중의 왕으로 일컬어진다. 그것은 영묘한 짐승을 통합한 신화 속의 성스러운 짐승이기 때문이다. 일반에서 바론 댄스라고 말하는 바론은, 이 케켓트가 란다와 대립되는 영적인 존재이다. 발리에서 바론 댄스 즉 연극 구성을 지닌 바론극에는 세 가지 형태, 바론 클리스 댄스(Barong Kris Dance), 바론 카르케크(Barong Kalekek), 바론 란둔(Barong Landun)이 잘 알려져 있다. 여기서는 바론 중에서 가장 잘 알려져 있는 바론 클리스 댄스 공연을 기록하고 싶다. 이 현지 답사는 내용에 등장하는 인물관계를 다루고, 그 연출을 기록하고, 자신의 생각을 기록한 것이다. 다음의 ( ) 부분의 기록은 현장에서 기입하였다.

브라바두 마을에서 본 바론 클리스 댄스는 오늘날에는 무용극 차로나 란 공연의 일부로 행해지고 있다. 무용극의 절정은 착한 신을 나타내는

◉바론케켓트

바론과 악한 신을 나타내는 란다의 치열한 싸움이다.

브라바두 마을의 바론 클리스 댄스 — 1976년 3월 28일

가멜란의 전주곡이 시작되었다. (이상한 소리이다. 보통때와 같이 경쾌하고 리드미컬한 가멜란 연주가 아니다. 때로 격렬해지며 다시 조용한 소리로 변한다. 가멜란은 보는 사람의 마음을 이미 사로잡고 있는 것처럼 생각된다. 이제부터 무언가 무서운 사건이 전개될 것 같은 소리가 연주되고 있다. 그 기대와 전율은 무대 중앙의 등장하는 출입구로 눈을 집중시키게 한다.)

[서막]

한 남자가 출입구에 나타났다. 뒤따라서 원숭이와 호랑이가 등장한다. 무대를 두세 번 돌고, 다시 등장한 문으로 빨려 들어가듯이 사라진다. (이 장면에 원숭이와 호랑이가 나온 것은, 한 남자에 관한 이야기로 그것이 숲 속의 사건을 나타낸다.) 한참 지나면 세 사람의 가면을 쓴 무용수가 튕겨나오듯 나타난다. (가면은 반反가면이다. 이것은 어릿광대의 가면으로 눈이 불거져 나왔으므로 촌극이 시작되는 것은 아닐까 하고 생각할 수 있겠지만, 그들의 이야기는 사건의 발단이 될 뿐이다.) 세 사람의 남자들은

◉사건의 발단을 이야기
히는 세 명의 남자들……上
◉소녀 두 명의 화려한 춤
레곤 댄스와 같은 형태
로 행하여진다.……下

숲 속에서 종려잎으로 생계를 유지하고 있는 사람의 자식들이 호랑이의 습격을 받아 죽은 이야기를 한다. 이 말을 들은 남자들은 화를 내며 어떤 무서운 일을 꾸미는 것이다. 세 사람이 그 호랑이를 잡아죽이자고 한다. (그들은 자신이 호랑이를 사로잡아 팔에 들쳐메고 있는 모습을 보여준다.) 그러나 그것이 호랑이의 소행이라 하더라도 어린이를 죽인 호랑이는 생각만 해도 치가 떨렸다. 그래서 그 남자는 숲을 지배하고 있는 원숭이에게 그 호랑이가 사는 곳을 가르쳐 달라고 했다. 원숭이가 등장한다. (이 원숭이의 연기는 너무 사실적이다. 그렇지만 이 장면에서는 이와 같은 표현밖에 할 수 없을 것이다. 처음에 원숭이와 호랑이가 등장한 이유를 알 수 있었다.) 원숭이가 가르쳐 준 숲 속을 돌아다니다가 세 사람은 결국 호랑이를 발견했다. 곤봉을 든 세 사람은 한꺼번에 호랑이를 목표로 하여 싸우기 시작했다. (싸움을 하면서는 익살스러운 몸짓이 많았다.) 한 남자가 코를 물렸으나 호랑이를 잡았다.

[제1막]

(발랄하고 경쾌한 가멜란 연주가 시작되었다. 이것은 장면 혹은 이제부터 공연공간이 달라지는 것을 암시한다.) 두 명의 소녀가 춤추면서 등장했다. (두 소녀의 무용은 레곤과 비슷하다. 허리를 구부려서 신체를 직각으로 하고, 양손은 어깨와 평행이 되도록 하였다. 그 신체가 만들어낸 형태는, 금을 새겨넣은 의상과 눈부시고 화려하게 만든 두건을 동시에 보여주고

있다.) 이 두 명의 소녀는 실제로 마녀 란다의 하녀이다. 두 사람은 재상
宰相 파티를 만나러 나간 데위 쿤티의 하인을 찾고 있다.

[제2막]

데위 쿤티의 하인 두 사람이 등장한다. 그곳에 란다의 하녀가 나와
춤추면서 주술을 건다. (하녀가 춤추는 것으로 부정을 탄다. 아름다운 소녀
의 춤이 사람들의 마음을 매료시켜 사로잡아 버리는 것도 어쩌면 마음을
어지럽히는 것이며, 마음을 움직여서 악마에게 잡혀버릴지도 모른다.) 데위
쿤티의 하인은 성급하게 화를 내어 싸움이 되어버렸다. 그대로 재상
파티와 만난 두 사람은 주인에게 돌아간다. (두 사람 사이가 갈라지는
장면에서는 가멜란 금속악기가 더욱 강하게 울린다. 마치 불꽃을 터트리는
것처럼 마음과 마음이 서로 부딪친다. 가멜란은 이와같은 마음의 상태를
소리로 표현할 수 있기 때문이다. 그들은 파티와 만나지만, 이미 두 사람은
마음이 어지러워져 있으므로, 파티의 말은 정확하게 받아들여지지 않는다.)

[제3막]

데위 쿤티는 아들 스데와를 데리고 등장한다. 그곳에 하인이 재상
파티의 전갈을 가지고 온다. 그 전갈은 아들 스데와를 마녀 란다의 산제
물로 바치라는 것이었다. 데위 쿤티는 재상 파티가 그와같은 말을 했을

리가 없다고 생각하는 찰나에 파티가 등장한다. 하인이 말한 것이 정말 인가고 묻자 그렇지 않다고 대답했다. 그러자 두 하인이 파티에게 주술을 걸었다. 이에 파티는 스데와를 숲 속으로 데리고 가서 나무에 묶을 것을 명령했다. (재상 파티에게 주술을 건 두 사람은 역시 춤추면서 그것을 연출해내고 있다. 그들의 춤은 무대배경이 없는 발리무용극 세계에서는 중요하다. 이것은 일본의 노우·교오겡에서 볼 수 있는 움직임이 시·공간을 바꾼 것과 비슷하다. 두 명의 하인이 무대를 크게 돌면서 춤추므로써 공간이 넓어지고, 그렇게 했을 때 재상 파티가 등장한다. 앞 광경인 숲 속을 빠져나가 파티를 만나러 갔던 시간과 공간은 겨우 춤추는 것으로 끝나버린다.)

[제4막]

나무에 묶인 스데와가 울고 있다. 그곳에 시바신이 나타나 스데와를 불사신으로 만들어 버렸다. 희생물을 먹으려는 마녀 란다가 미친 듯이 날뛰며 등장, 나무에 묶여있는 스데와를 보고 기뻐한다. 란다는 스데와를 죽여서 먹으려 하지만, 죽여도 스데와는 죽지 않았다. 결국 피곤해지자, 아무리 해도 죽지 않음을 알았을 때 시바신이 하늘에서 내려와 자신을 불사신으로 만들어 주었다고 스데와가 말했다. 그 말을 들은 란다는 무엇을 생각했는지 스데와에게 자신은 이제까지 갖가지 나쁜 일을 했지만 이제는 싫어졌으므로 천계天界에 가서 그 죄를 씻고 싶은 마음이라고 했다. 그 말을 들은 스데와는 그 참회의 마음을 이해하고 어떤 나쁜

◉ 데위 쿤티의 두 명의 하

인·····上

◉ 데위 쿤티와 아들 스데

와·····下

짓이라도 진심으로 회개하면 그것으로 충분하다고 말하며 란다를 죽여 하늘나라로 승천시켰다. (란다의 등장 장면에서는 가멜란이 그 공포감을 북돋운다. 이 정경은 대사에 따라 바뀌지만 아무리 무서운 란다도 그 마음에 아직 선한 마음이 남아있다. 이것은 일반 사람들에게 이야기하는 식으로 들려 준다. 종교의 가르침이 이와같은 형태로 삽입되어 있다. 스데와는 시바 신에 의해 불사신이 되었으므로, 스데와와 시바신은 동일하다는 관계가 성립 되며, 스데와의 칼에 죽은 란다는 신의 칼과 관계가 있는 것이며, 신 앞에서 의 참회는 마음의 올바름을 보여 주는 것과 같다.)

[제5막]

란다의 하녀인 클리카가 스데와 앞에 등장한다. 클리카는 주인 란다와 같이 이제까지 저지른 죄를 씻고 구제받고 싶다고 했다. 그러나 스데와 는 클리카가 진심으로 말하는 것이 아니라고 했다. 그 말을 듣고 클리카 는 화를 냈다. (클리카는 먼저 발로 땅을 두세 번 두드렸다. 성난 표현이 말이 아니라 신체로 표현될 때 발로 하는 것은, 어디에서나 모두 마찬가지이 다. 게다가 찡그린 얼굴을 하고, 어깨를 긴장한 것처럼 움츠리면서 무대를 두 번 돈 후 등장한 문으로 사라졌다.)

클리카가 사라지자 그와 동시에 멧돼지가 등장하였다. (멧돼지는 클리 카가 변신한 모습이다. 멧돼지는 인간세계에서 생활의 양식이 되는 논밭을 황폐하게 하는 동물이라서 좋아하는 동물은 아니다.) 멧돼지와 스데와의

⊙스데와를 먹으려 하는

단다……上

⊙새의 등장……下

처절한 싸움이 펼쳐졌다. 스데와의 칼에 멧돼지가 부상을 당하자, 두 사람의 반가면을 쓴 어릿광대가 손에 막대기를 들고 등장하였다. (어릿광대는 스데와의 하인이며, 그들은 스데와의 행위에 설명을 덧붙일 수 있었다. 이 연출은 가면무용극 와얀 토펜에서도 볼 수 있다. 멧돼지 클리카가 죽기 직전에 두 사람이 등장하는 것은, 스데와의 칼에 죽은 것이 아니라 민중의 적인 멧돼지를 더욱더 곤봉으로 상처를 입힘으로써 이제까지의 피해에 대한 원망을 푸는 것 같다.) 몇 번의 몽둥이질로 때려눕힌 후 두 사람은 죽은 멧돼지의 다리를 줄을 사용하여 막대기에 묶고, 승리한 사람의 자만감에 찬 모습을 하며 등장한 문으로 사라졌다. 그와 동시에 새가 등장한다. (이것도 클리카가 변신한 모습이다. 이번에는 하늘을 나는 새로 변하여 스데와에게 싸움을 걸어온다. 그러나 스데와는 하늘을 자유롭게 날 수 있다. 무대는 하늘이다.) 새는 스데와의 칼에 맞아 날개가 찢어져서 땅으로 떨어져 죽는다.

그때 등장한 것이 란다이다. (란다는 클리카로 변신한 것이다. 승천한 란다가 또 모습을 나타낸 것인가 하여 관객이 술렁인다. 그러나 이 란다 쪽이 더 난폭하고 무시무시하다.) 란다와 스데와의 싸움이 반복되지만 좀처럼 결말이 나지 않는다. 스데와는 등장한 문으로 들어가 버린다. (승부가 났는가 싶으면 그렇지 않고, 좁은 문으로 바론이 나온다.) 바론이 기세좋게 나온다. 란다 앞에 바론이 마주 선다. 싸움이 시작된다. (바론과 란다는 선과 악을 상징하고 있다. 그것은 영원한 두 힘의 대립이기도 하며, 어느쪽의 힘이 없어져 버리는 것이 아니다. 바론은 확실히 사악한 영력靈力

◉란다와 맞서는 열 명 정
　도의 남자들……上
◉영수靈水를 든 승려의
　등장……下

을 상징하는 란다가 지닌 파괴력을 약하게 만드는 데 필요한 영력靈力의 상징인 것이다.) 바론이 싸웠지만 힘으로는 란다가 강하여 바론이 지상에 쓰러져 버린다. 그곳에 열 명 남짓 반나半裸의 모습을 한 남자들이 슬픈 소리를 내면서 출입구로 나온다. 란다에게로 향한다. (그들은 바론의 하인 이며, 손에 클리스라는 단검을 들고 있다.) 그러나 그들은 란다의 주술에 걸려, 그 클리스를 자신의 가슴에 꽂으려고 한다. (이 클리스를 찌르는 장면은 무시무시하다. 그들은 바론의 영력을 입고 있으므로 아무리 강하게 찔러도 찔리지 않을 것이라고 믿고 있었지만, 처음 볼 때는 정말로 란다의 영력에 의해 찔려서 죽을 것같이 보인다.)

그곳에 한 승려가 손에 영수靈水를 담은 항아리를 들고 나타나 주문을 외우면서 단검을 든 하인들에게 몇 방울·씩 떨어뜨린다. 란다에게도 주문을 외워 그 파괴의 영력을 약하게 만든다. 이렇게 하여 다시 세계의 균형이 회복되어 가멜란의 연주는 언제나와 같이 경쾌하고 발랄한 소리를 연주하고, 경쾌한 리듬으로 되돌아온다. (클리스의 하인 중에는 너무나 흥분하여 기절하는 사람도 있다. 그 중 한 사람은 자기를 조절할 수 없어서 관객 쪽으로 쓰러진다. 당황한 마을 사람이 나와서 그를 일으키려 하지만 그의 몸은 경직되어 버린 것 같다. 그러나 성직자의 영수에 의해 다시 자기 로 돌아갔다. 이 영수는, 바론의 수염에 잠겨서 신령화된 것으로 란다의 주술 힘을 받은 것이지만, 이것은 물이 만물의 근본이며 무엇이든 물로 생명 을 소생시키는 것을 의미하고 있다.)

이와같은 이야기를 무용화한 것이 바론 클리스 댄스이다. 이 란다와 바론에 대한 해석은, 마을마다 틀리므로 비교하는 것에 따라서 다른 측면을 발견할 수 있을지도 모른다. 그러나 바론과 란다의 무용극이 오늘날에는 연출이 거의 정형화되어 있다. 우리들이 이제까지 한 현지답사는 1973년과 1976년에 행했던 발리의 무용과 극의 현상을 기록한 것이라서 별로 비교할 만한 시점까지는 오지 않았다. 그러나 바론극도 상당한 부분이 우리들이 보았을 때와 다르다는 것은 분명하다. 클리스를 찌르는 동태는 황홀상태가 되어 있지 않으면 위험하다고 한다. 그렇지만 어떻게 황홀상태에 빠지는가는 알 수 없다. 며칠 후, 무대 뒤에서 그 의문을 다시 생각해 보고 싶어서 엿보았더니, 극은 앞에서 보았을 때와 같은 형태로 진행되었다. 바론과 란다의 의상, 장식이 선반 위에 놓여있었다. 란다로 분장한 사람이 란다의 가면을 쓰고 긴 손톱을 이쪽으로 향하는 찰나 필자는 공포스러움을 느꼈다. 역시 연희자의 연기력이 얼마나 중요한가를 알았다. 슬슬 클리스의 하인들이 등장할 즈음이었다. 몇 명인가 반나체의 남자들이 걸어왔다. 아무것도 바뀐 것은 없었지만 모두 입을 다물고 있다. 눈을 보면 무엇인가를 응시하고 있다. 그것이 무엇인지 알 수 없었지만 이상한 눈빛이었다. 그들이 클리스(단검)를 손에 들었을 때, 갑자기 신체에 전류가 흐르는 듯이 몸을 떨었다. 클리스는 바론극에서는 저주가 담긴 것이다. 이것을 손에 들려고 할 때 하인의 마음 속에 무엇인가 변화가 생기는 것 같았다. 클리스를 든 하인은 이제나저제나 하고 마음 졸이며 무엇인가를 기다리고 있는 것 같았다. 황홀상태가 클리스에 의해 이루어지는 것은 아니지만, 클리스를 손에 듦에 따라서 그들의 마음에 미묘한 변화가 일어나는 것은 분명하였다.

第 **3** 章 ——

舞踊의 **圖像學** [ICONOGRAPHY OF DANCE]

◉힌두 사원의 신체 부
조상
남인도 트리츄르……上
◉타이 사원 벽화에 보이
는 무용도……下

움직이는 주술로서의 무용

　무용을 〈움직이는 예술〉이라고 하는 것은, 이제까지의 움직이지 않는 조용한 예술이었던 회화·조각·건축 등에 대한 상대적 표현이다. 분명히 회화·조각·건축 등의 부분에서는 운동이 억제되고 생명의 리듬은 정지되어 있지만, 그 동적인 생명력은 우리들에게 표현력의 크기를 보여주고 있다. 이와같은 표현형태는, 고대로 거슬러 올라가면 알 수 있듯이 주술로서 실제적인 목적을 위해 묘사되었다고 미술사가들은 말하고 있으나, 무용에서도 인간 이외의 동식물의 리듬에 호응함에 따라서 그와 함께 같은 세계에 살 수 있고, 그들과 이야기할 수 있는 점에서 〈움직이는 주술〉이라고도 한다. 이 〈움직이는 주술〉인 무용이 이윽고 다른 주술형태로 정착된 것이 조각이며 회화이다. 이러한 고대 유적에서 볼 수 있는 석판 부조상·석상·목상 등에서 〈움직이지 않는 주술〉로서의 기능이 어떻게 작용하고, 주술과 같은 원리로 간주되어 왔는가를 생각해 보고자 한다.

　회화자료가 고대의 생활문화를 아는 데 귀중한 가치를 지니게 된 것은 미술사가가 지적한 바 있다. 게다가 이와같은 회화자료가 실제로 무용·연극·음악과 대단히 밀접한 관계 속에서 생겨나고 있는 것도 알 수 있다. 즉 선사시대의 생활을 묘사한 동굴벽화는, 당시의 생활양식이 원시

◉고프람의 부조상
치담바람

적인 묘사력에 의해 표현되었음을 가르쳐 줄 뿐 아니라, 고대인들이 자신의 생활을 어떠한 형태로 묘사하는 동기는, 그들이 수렵과 농경주술에 관련을 맺고 있으며, 그것이 생활에서 중대한 의미를 갖는다는 점, 그리고 인간이 이러한 벽화를 그린다는 행위는 결코 유희가 아니라 이른바 의식 혹은 제례적 행위이며, 사람들이 살아가기 위한 기원이며, 또한 생명 그 자체라는 점을 가르쳐 준다. 벽 위에 표현한 세계는 그들 생활과 동떨어진 세계가 아니라 현실의 긴박한 세계인 것이다. 그곳에 묘사하고자 한 것과 묘사된 것에서 주술적인 원리가 엿보인다. 즉 수렵하는 민족이 무리를 지어 화살 혹은 창을 들고 수렵하는 모습의 벽화가 있지만, 그것은 단순히 자신들 생활의 일부를 묘사한 것이 아니라는 점은 잘 알려져 있다. 그와같은 행위가 춤추는 사람을 벽에 그리고, 조각상으로 만든 것이었다. 거기에 표현된 것은, 그 대상물이 지닌 영적 능력을 일시적으로 소유하기 위해서가 아니라, 영원히 그 효능을 유지하고 싶은 염원을 반영하고 있음을 인지해야 한다.

카라나의 릴리프상

남인도의 대도시 마드래스는 기후적으로 온화하며, 녹음이 우거진 숲이 마치 무더운 인도라고는 상상할 수 없을 정도의 풍토이다. 녹음과 바다는 사람들의 성격을 변화시킬 정도의 자연환경을 구성하고 있다. 이 마드래스에서 기차로 여섯 시간 가까이 내려간 곳에 위치해 있는 치담바람 성지로 향하였다. 무더운 기차여행에 차창 밖의 짙은 초목은 안정을 느끼게 해 주었지만, 역에 정차할 때마다 밖의 더위가 한꺼번에 차 안으로 몰려들었다. 좌석 위에 있는 낡은 선풍기는 소리를 내면서 돌고 있다. 그러나 조금도 시원한 바람을 일으키지 않는 쓸모없는 물건 같았다. 치담바람에는 무용의 왕(나타라자)를 기리는 시바 사원이 있고, 인도 무용을 배우려는 사람은 반드시 방문해야 되는 성지이기도 하다. 각 지역에서 온 인도사람들과 섞여서 성지순례를 가는 것 같은 기분으로 지금 이렇게 향하고 있다. 저녁 나절에 도착했으나 숙소를 예약해두지 않아도 손님을 끌어들이려는 곳이 많아서 다행이었다. 시내에 집이나 상점 등이 즐비하게 늘어서 있어도 웬지 모르게 조용함이 느껴지는 것은 떠들썩하기 짝이 없는 캘커타에서 마드래스로 남하해왔기 때문일지도 모른다. 어딘가 인도네시아에서 겪었던 풍경과 흡사하다. 성지 치담바람은 전설에 의하면, 쵸라왕 비라 쵸라가 시바신과 그의 부인 파르바티의 무용을 보고 신전(카나카 사바이)을 세워서, 그 시바신의 춤추는 모습을 제사지냈다고 한다. 이 사원의 바깥 벽에는 무용·음악·연극의 성전인 《나티야 샤스트라》에 기록되어 있는 무용의 자태를 묘사한 부조상이 남쪽과 북쪽의 문탑門塔(고프람)에 세워져 있다. 이 부조상은 108개의 석판상石板像이며, 땅에서 가까운 곳의 것은 보이지만 탑 위의 상은, 그 자태를 하나하나 확인하기가 어렵다. 오늘날에는 고대 인도 무용의 원류

를 이 《나티야 샤스트라》로 거슬러 올라가며, 그곳에 기술되어 있는
것을 무용가는 정신과 육체로 재현하려 한다. 그러나 씌어있는 문자에서
어떤 무용상을 이미지화하는 일은 가능하겠지만, 동태로 시각적인 형상
을 만들어서 우리들에게 전달하는 일은 불가능하다.

　　원래 성선聖仙 바라타의 《나티야 샤스트라》는 바라문교의 성전 네
가지 베다, 즉 《리그 베다》에서 암송·송영誦詠, 《사마 베다》에서 창가·
가요, 《야쥴 베다》에서 몸짓·의태, 《아다르바 베다》에서 정서·감정
등을 받아들이고, 극장건축의 공교신工巧神 비슈바 카르만에게 극장을
만들게 하였고, 성선 바라타가 제5의 베다인 《나티야 베다》를 창작 공연
하여 세계 모든 사람에게 전하였던 것이다. 요컨대 《나티야 베다》는
공연을 목적으로 하는 제례의식 또는 양식이었다. 그렇기 때문에 신화에
의하면 시바신의 미친 듯이 성급하고 용감하며 맹렬한 동태 탄다바와,
그의 부인 파르바티의 요염하고 우아하며 육감적인 정태 라스야를 신들
은 창작하였다. 남인도 치담바람의 시바 사원은, 이 신화에 근거를 두고
건립하였고, 일백여덟 가지의 무용자태는 신들이 만들어낸 것이다.

　　무용은 유동적인 점을 생명으로 하므로 끊임없이 눈 앞에서 어떤 형태
가 만들어지는 동시에 사라진다. 즉 무용은 일회기성一回起性을 본질로
한다. 이와같은 무용정신 혹은 본질이 전해지고, 신체가 그 동적 작용을
정확하게 다음 세대로 전해 주는 것이 가장 바람직하다. 이것을 형태가
없는 상태가 아니라 형태가 있는 것으로 표현하고자 한 것이, 이 무용
성전 《나티야 샤스트라》의 제4장 〈탄다바 라크샤남〉이다. 이곳에는 고대

X. 1.
Starting pose

XXX. 1.
tá

XXX. 2.
te

XXX. 3.
te

I. 8.
tá

◎ 카라나의 일백여덟 가

시 기본형을 구성하는 무

용 바라타 나티암 무용기

호······上

◎ 오른발을 최대한으로

올린 카라나

신체표현의 가능성에

도전하는 인도의 무용자

인도 무용의 기본자태가 표시되어 있다. 그리고 형태를 갖춘 자태로 표현되어 있는 것이 석판 부조상의 일백여덟 가지의 무용자태이며, 그것에 따라서 《나티야 샤스트라》에 기록되어 있는 자태가 우리들에게 시각적으로 전승될 수 있도록 만들었다.

이 부조상에 보이는 수족의 동태를 구체화한 것이 카라나(Karana)라고 불리는 일백여덟 가지의 형태이다. 이 카라나는 인도 무용의 기본형이라 말할 수 있지만, 오늘날의 무용에서는 찾아볼 수 없는 것이 많고, 그 중에는 곡예적인 요소를 띤 자태도 꽤 볼 수 있다. 예를들면 오른발을 최대한 수직으로 똑바로 들어올리는 형태와, 곡예사와 닮은 듯한 형태는 거의 오늘날의 인도 무용에서 없어서는 안 될 자태가 되었다. 그러나 오리사주의 오리시 무용과 케랄라주의 카타카리와 동남아시아 남타이에 전승되고 있는 **라콘 챠트리** 무용에는 곡예적인 자태가 전해오고 있다. 이것은 결코 신체의 동태를 의식적으로 변형시킨 것이 아니라는 점을 알 수 있다. 오히려 이와같은 형태까지 기본형태로 넣어서 가능성을 넓힌 것이다.

《나티야 샤스트라》에 따르면, 이 카라나는 인간의 신체 부위인 머리·가슴·손·옆구리·허리·다리 등의 동태를 짜맞춘 자태로 특히 양손 (누릿타 하스타 Hritta Hasta)과 다리(챠리 Cari)를 기본으로 한다. 《나티야 샤스트라》의 제8장에는 열세 가지의 머리를 움직이는 방법, 서른여섯 가지의 시선, 아홉 가지의 안구 움직이는 방법, 아홉 가지의 눈꺼풀 움직이는 방법, 일곱 가지의 눈썹 동작, 일곱 가지의 코 동작, 여섯 가지의

볼 움직이는 방법, 여섯 가지의 아랫입술·턱·입의 움직이는 방법, 네 가지의 얼굴 화장(무카자) 등에 대하여 기술하고 있다. 이것이 대부분 조각과 회화에 묘사되어 있지는 않지만, 어떤 형태로든 형상화되어 있다. 그러한 것을 찾아내어 기본으로 삼고, 치담바람의 카라나상은 참고로 해야 될 무용상이라 할 수 있다.

여기서 오늘날 볼 수 있는 무용을 통해 관련된 무용자태를 더듬어 보도록 하자. 먼저 바라타의 《나티야 샤스트라》를 바르게 기술하고, 신체를 통해 전승되고 있는 오리사주의 오리시 무용, 케랄라주의 카타카리 무용극 등에서 살펴보려 한다.

오리시에서 《나티야 샤스트라》의 카라나는 타니(Thani)라 칭한다. 그 속에 사가디아(Sagadia)라는 동태가 있다. 그것은 바라타가 말하는 카라나의 샤카타샤(수레바퀴 Sakatasya)와 닮은 것으로, 복부에서 내려오는 발을 동그라미 형태로 만들고 양손으로 발목을 잡는다. 바라타의 해설을 읽어보면 「신체는 곡선을 그린다. 양다리는 벌리고 뒤로 젖힌다. 가슴은 벌린다」라고 되어 있다. 오리시에서 다리는 원을 그리지 않지만, 고전무용으로 일컬어지는 것 중에서 카라나를 발견할 수 있다. 또한 케랄라주의 무용극 카타카리를 전승하고 있는 케랄라 카라만다람 무용학교의 기본훈련은 당시의 무술 칼라리파얏트에서 신체의 동태를 받아들였다. 이러한 특수한 동태, 예를들면 발을 90도로 어깨까지 들어올린다거나, 뒷발로 무엇인가를 차는 동태 등은 실제 무용극에서는 거의 보이지 않는 것이지만, 이 기본훈련에서는 필수불가결한 요소이다. 그러한 동태

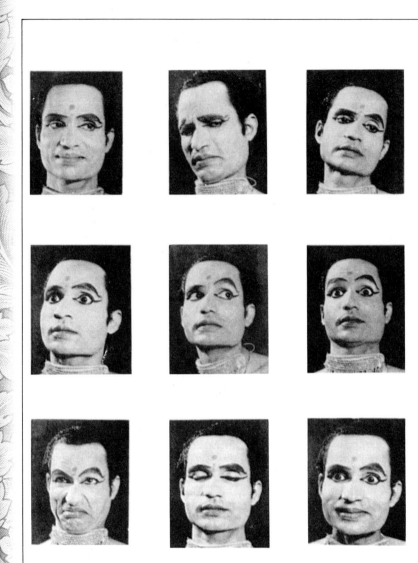

⊙〈나티야 샤스트라〉에 따른 아홉 종의 안구를 움직이는 방법.

의 대부분은 일찍이 치담바람의 카라나상으로 거슬러 올라갈 수 있다. 그리고 카라나상의 일백여덟 가지 석판상은 인간의 신체를 다시 한 번, 신이 창조한 마음과 신체의 원형 그대로를 표현하기 위해 필요한 유연운동의 자태이며, 신들의 무용을 하는 데는 인간적이고 후천적인 몸과 마음으로는 되지 않는다고 말할 수 있는 의식적인 모습이라 생각한다. 이 훈련을 하지 않으면 제례의식에 가담할 수 없다는 것은 신체를 움직이지 못하게 하는 것과 비슷하다. 인간은 신체에 곤란한 동태를 취함에 따라서 인간성을 말살하려고 했던 것이다. 그것은 무용이 신의 모습을 뚜렷이 나타내기 위한 것임에 틀림없기 때문이다.

롤로 죤구란 사원의 릴리프상

1972년 5월 아시아 무용조사에서 처음으로 찾아간 곳은 인도네시아의 자바섬과 발리섬이었다. 그 무렵 아시아 무용에 관한 자료는 그다지 많지 않았다. 그와같은 상태에서 우선 자신의 눈으로 본 무용 및 무용적인 것을 표현한 여러 예술을 될 수 있는 한 폭넓게 기록하는 것이 자료를 만드는 첫걸음이라 생각하였다. 무용이라는 인간의 신체를 매체로 한 표현예술은, 연극과 함께 이제까지 여러 예술과 서로 관련을 맺으면서 발달해온 점은 연극사를 거슬러 올라가면 명확해지지만, 예를들어

⊙ 오리시의 사가디아…
∴上
⊙ 롤로 쟌구란 사원의 아
프사라스……下

문자라는 표기법으로 기록되어 있더라도 그것은 시각적인 수단이 없이는 알 수 없는 것이 많다. 인도네시아 중부 자바에서 출토된 동판에는 고대 생활문화인 무용과 원시적 연극이 공연된 사실이 문자로 새겨져 있지만, 단지 그와같은 연극형태가 고대에 있었던 사실만 확인될 뿐이다. 그러나 문자로 새기기 이전에 고대 사람들이 어떠한 방법으로 자신들의 역사를 기록하였는가를 고찰해 보면, 무용이 본래 갖고 있는 유동성을 고정화시키고 움직임을 정지시키는 표현태 즉 회화·조각류 등이 있다. 우리들은 고대 무용이나 무용의 옛 형태를 어떻게 다루었는가를 말할 때, 궁정에 전해오는 무용과 민간에 전해오는 무용의 표현태에서 그 차이를 찾아낼 수 있을 것이다. 그러나 궁정무용의 옛 형태라 할 수 있는 것은 무용 선생(구루)이 몸으로 배운 것이 유일한 형태라서 대대로 전승되는 동안에 시대의 변천이나 생활변화에 따른 미묘한 차이가 생겨났다. 중부 자바에 있는 두 개의 궁정, 죠그자카르타와 스라카르타에 전승되고 있는 무용만으로도 그 변한 모습을 찾아볼 수 있는데, 그것은 사회문화를 역사적으로 거슬러 올라감으로써 더욱 명확해질 것이다. 그렇지만 그들은 자신들이 춤추고 있는 무용의 옛 형태를 구루뿐만 아니라 11세기 힌두 자바 혼합문화 속에서 창조된 조각 유적군 속에서도 찾을 수 있다.

죠그자카르타 마을에서 북동쪽으로 20킬로미터 정도 떨어진 곳에 프랑바난 평원이 있고, 그곳에 롤로 죤구란이라는 시바신을 제사지내는 높은 탑이 세워져 있는 사당이 있다. 이곳을 찾아간 것은 인도네시아의 고도이며, 일찍이 문화의 중심지였던 죠그자카르타의 예술문화를 약간 멀리

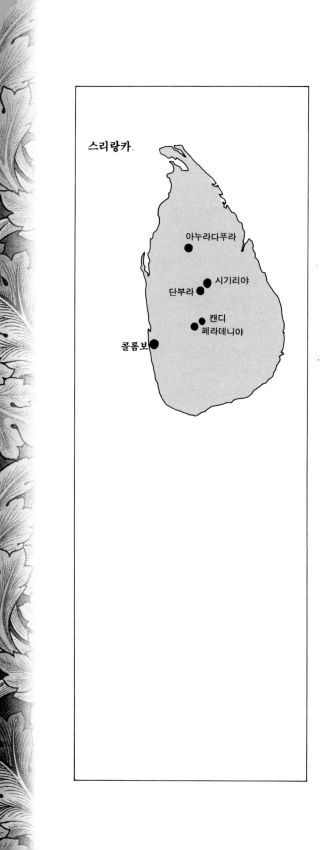

서 바라보려는 마음에서였다. 무용·연극 등과 같이 일회기성을 본질로 하고 있는 예술이 형태를 순간에서 찾는 활동과, 그곳에 문화의 형태를 남긴 조각·건축물은 그 예술성의 풍부함과 고고함을 우리들에게 이야기 해 주고 있다. 그곳에 새겨져 있는 조각상에 오늘날 전해오는 예술성이 살아있었다. 우리들은 정적인 가운데서 움직이는 군상을 볼 수 있었다. 예를들면 춤추는 선녀 혹은 하늘나라의 무용수 아프사라스(Apsaras, 물의 정령)는, 한 장의 릴리프상에 나타나 있다. 이 아프사라스는 캄보디 아의 앙코르 와트 석판(판넬) 릴리프상에도 보인다. 이러한 상은 힌두문화 의 영향을 받은 것인지, 풍성하고 요염한 유방과 허리·양발을 들어올리 는 모습에서 그와같은 옛 유풍을 남기고 있다. 양손의 움직임은 오늘날 캄보디아와 타이에서 그 자태를 찾아볼 수 있다.

스리랑카 석굴 사원의 무용상

스리랑카 무용의 옛 형태도 역시 석굴 사원의 석조상과 벽화 등으로 거슬러 올라갈 수 있다. 불교 성지 아누라다푸라의 굿탐 포크나에서 발견된 6,7세기 무렵의 출토상인 무용상은, 양손과 양발을 리듬에 맞추어 춤추고 있는 모습을 훌륭하게 표현하고 있다. 이 像을 보면 알 수 있듯이 남인도 주변에서 볼 수 있는 풍부한 유방과 복부, 그리고 양손의

◉ 가다라데니야의 석조상
대부분이 풍화되었지만
양손을 들어 올리고 북소
리에 맞추어 춤추는 모습
은 예전의 생활을 반영하
고 있는 듯하다……下

◉ 페라데니아 불교사원의
기둥상, 무용수와 악사상
……上

◉ 가다라데니야의 석조상
……上

◉ 캔디안 댄스상 불치사
佛齒寺……下

자태와 유사한 점을 발견할 수 있다. 무용수의 양다리는 붙인 듯이 되어 있고 무릎은 벌리지 않는다. 그것이 상반신의 움직임을 돋보이게 해 준다.

수도 캔디를 떠나 페라데니야를 통하여 서쪽으로 4킬로미터 정도 되는 곳에 불교 사원 가다라데니야가 언덕 위에 세워져 있다. 14세기에 건립되었으나 힌두문화의 영향이 보이는 것은, 사원건축의 석단 측면에 조각되어 있는 무용하는 사람과 악기를 연주하는 악사들의 모습에서이다. 석조상은 대개 형태가 망가져 있지만, 양손을 올리고 북소리에 맞추어 춤추고 있는 자태는 예전의 생활을 반영하고 있는 듯하다. 사원 안에는 7월부터 8월 15일 전날까지, 10여 일에 걸쳐서 고도 캔디에서 개최되는 불교제 페라헤라(Perahera)에 사용되는 도구류가 안치되어 있고, 우리들을 안내하는 사람은 그 축제 때 춤추는 캔디안 댄스를 그리는 사람이라고 했다. 이곳에는 지금은 벌써 그 존재조차 희미하지만 무용하기 위한 커다란 공간(디게)이 있었다고 하며, 종교적인 의식에 수반되는 춤을 추었다고 한다. 이곳에서 볼 수 있는 춤추는 상은 인도네시아의 불교 사원 볼로부들의 석판 조각상과 유사한 자태가 보인다.

캔디로 돌아오는 도중, 페라데니야 식물원 옆에 세워져 있는 불교 사원에 들러보니 기둥에 무용하는 사람과 악사 들의 상이 조각되어 있었다. 조금 전까지 보았던 가다라데니야 사원의 석상과는 완전히 조각기법이 다르다는 것을 알 수 있었다. 춤추고 있는 상임에는 틀림없지만, 무용의 약동감은 보이지 않고, 손발도 움직이는 듯한 느낌이 들지 않았다.

이것은 이른바 사원건축의 장식조각이기 때문인지 혹은 스리랑카의 부조 예술의 특징인지 명확치 않다. 캔디에 있는 불치사佛齒寺의 석판 조각상에서 캔디안 댄스상을 보았지만, 이것도 신체 부위에 살이 많이 붙어있어서 동그스름했다. 이것은 오늘날 볼 수 있는 캔디안 댄스와는 서로 닮은 점이 전혀 없다. 오히려 캔디안 댄스의 무용형태는 북쪽에 있는 텀블러 석굴 사원에서 본 벽화로 거슬러 올라가는 듯하다.

텀블러의 석굴 사원은 캔디에서 차로 두 시간 정도 걸리는 곳에 있다. 바위로 된 가파른 길을 조금씩 쉬면서 20분 가량 올라갔다. 오르막을 올라서니 곧 주위를 내려다볼 수 있었다. 눈 아래의 숲은 마치 주단을 깔아놓은 듯 한 폭으로 펼쳐져 있었다. 야생 원숭이가 먹이를 찾고 있었고, 길가에는 고행자인지 거지인지 알 수 없는 사람들이 손을 내밀어 걸식을 하고 있다. 끝까지 올라오니 그들의 모습은 보이지 않았다. 이곳은 신성한 장소이기 때문일 것이다. 석굴 사원에서는 구두를 벗지 않으면 안 된다. 안내서에는 무료로 되어 있으나 기부금을 지불하게 하였다. 그러나 금전으로 살 수 없는 멋진 것과 만날 수 있다면 그러한 것은 아무래도 상관 없었다. 게다가 맨발로 참배하는 감촉은 지금까지의 경험으로는 맛볼 수 없었던 것이었다. 차가운 석굴 속을 지나갔다. 벽 대부분에 원색에 가까운 색채가 칠해져 있는 힌두교의 신들, 부처의 입상立像·좌상座像이 묘사되어 있고, 참배하는 사람과 함께 신들의 세계와 만날 수 있도록 해 준 것에 감사하는 기분이 들었다. 그 속에 무용하는 여성이 묘사되어 있는 것을 발견하였다. 그 자태는 상반신은 유방을 드러내놓고 있지만, 하반신은 캔디안 댄스에도 보이는 복장을 몸에 걸치고 양다리는 밖으로 벌리고 있다. 유방을 노출시킨 모습은 시기리아 벽화에서도 볼 수 있으며, 풍만한 미녀의 잘록한 허리, 커다란 가슴과 허리의 균형은 성적 매력이 넘쳐흐르는 아름다운 신체의 곡선을 그려내고 있다. 5세기 무렵에는 상반신이 나체였던 부류는 상류계급 사람들이었고, 풍만한 유방은 무용을 좀더 아름답게 보여 주기 위함이었다.

그후 차로 한 시간 가량 달리자 시기리아라는 바위산을 깎아세운 듯한 보루가 나타났다. 이곳은 바위 절벽에 그린 미녀상이 유명하지만 어떻게 이 암벽에 그렸는가는 수수께끼이다. 암벽에 설치한 나선형 계단을 올라가서 바위를 통로로 한 좁은 길을 걸어 뒤편의 사자 발톱 형상을 한 왕궁 입구를 마치 등산을 하는 것처럼, 생명줄을 잡고 정상에 올라가서 본 광경은 절경이었다. 이곳에 왕궁을 건립할 수 있으리라고는 상상할 수 없었지만, 이곳에서라면 자연 세계를 손에 넣을 수 있었으리라. 도중의 절벽에 묘사되어 있는 미녀상도 우아한 궁정생활의 영화를 남긴 것일지도 모른다. 갑자기 그 당시의 미녀들이 춤추고 있는 모습이 눈에 선해진다.

인도 조각상의 기본 자태

인도 각지의 사원에는 많은 돌조각상이 있고, 옛부터 사원과 무용의 밀접한 관계가 있었음을 알았다. 오늘날의 많은 무용가들이 이와같은 무용상을 보고 무용의 자태를 익히고, 그 석상 속에 숨겨져 있는 영혼의 힘을 자신의 손과 발로 표현하고자 하는 노력을 계속해왔다. 이 무용상은 사원이 건립되었을 무렵의 일상생활을 반영한 것이므로 같은 시기의 것과 비교 연구함으로써 어떤 공통되는 모습을 찾을 수 있다. 여기서는 인도에서 볼 수 있는 조각상의 기본 자태를 정의해 놓은 《시르파 샤스트라》를 보도록 하자. 이것은 앞에서 서술한 자바와 캄보디아의 부조상을 보았을 때도 참고로 삼았다.

이 기본 자태는 조각된 인물상의 중심에 수직축을 이루는 형태를 방가라 칭하며 다음의 네 가지 기본형, 즉 (1) 사마방가Samabhanga (2) 아방가Abhanga (3) 아티방가Atibhanga (4) 트리방가Tribhanga가 있다. 각각에 관한 설명을 덧붙인다.

(1) 사마방가에는 양발을 가지런히 하고 똑바로 선 형상과 양무릎을 바깥쪽으로 벌리고 허리의 위치를 내리고, 양발의 뒤꿈치를 댄 형상의 두 종류가 있다. 이것은 《시르파 샤스트라》에 의한 네 가지 기본형을 그림을 보면 알 수 있듯이 수직축을 그으면 좌우대칭으로 균형을 이루고

있다. 허리의 위치는 중심을 구부려도 마찬가지이다. 그러나 이러한 형태의 무용상은 비교적 적다. 그것은 신체의 동태에 약동적인 모습이 보이지 않기 때문이다. 즉 이 형태에서 약동적으로 춤추고 있는 자태를 만들어내려면 좌우대칭과 균형을 깨뜨리고, 불안정한 자태를 취하지 않으면 안 된다.

(2) 아방가는 수직축에서 신체가 조금 빗나갔지만 아직 안정감은 남아 있다. 이 형태는 우아함을 표현할 때 취하는 자세이며, 왼쪽이나 오른쪽 둔부 혹은 허리 부분을 조금 뒤로 내밀고, 신체 중심은 둔부(또는 허리 부분)를 내민 다리에 두고, 한쪽 발을 앞으로 조금 내민다. 이 형태는 인도 무용의 카다크와 오리시 등에서 리듬을 맞출 때 자주 보인다.

(3) 아티방가는 이 형태를 취하면 무용이 갖는 약동감은 충분히 표현된다. 여기서는 상반신을 왼쪽으로 구부리고, 허리를 굽히고 무릎도 충분히 벌리며, 발은 꼬고, 양손은 좌우로 벌리고 있으므로 움직임이 커진다. 이와 같은 변화로 양손을 내려서 꼬고, 목의 위치를 상반신의 움직임과 반대로 구부리면, 더욱더 미세한 움직임까지 표현할 수 있게 된다.

(4) 트리방가에서 트리란 세 가지의 뜻으로, 신체의 머리 부분·허리 부분·다리 부분을 구부리는 것인데 앞의 아티방가의 변화와 같은 것이지만, 거기에 신체 각 부위가 예각을 이루면서 표현되는 것이다. 여기에 보이는 그림을 좀더 해설하면 허리 부분이 오른쪽으로 나와 있으므로, 그 형태에서 상반신은 왼쪽으로 향하게 된다. 그리고 목에서부터 머리 부분은 더욱더 오른쪽으로 기울어진다. 양손도 각기 다른 방향으로 향하게

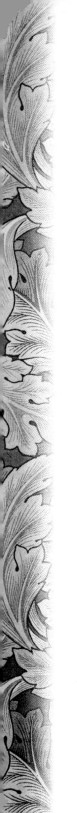

◉캔디안 댄스 : 담부라의 석굴사원……上
◉시기리아의 벽화
스리랑카 캔디안 댄스와 같은 형태로 상반신이나 체는 상류사회의 상징이다. 풍만한 유방은 무용을 좀더 아름답게 해준다……下

하며, 왼손은 상반신의 에너지가 왼쪽으로 기울도록 한 것에 대해 극단적으로 오른쪽으로 기울어서 직선으로 뻗치고 있지만, 지나치게 뻗쳐서 에너지가 확산되지 않도록 손목을 허리 부분 뒤쪽으로 구부려서 움직이지 않게 했다. 이에 대해, 오른손은 상반신이 왼쪽으로 기울었으므로 앞으로 짝을 맞추면 움직임의 반작용이 생겨서 아름다움을 잃어버리게 되므로, 상반신의 에너지를 목과 머리 부분에서 정지한 것처럼 오른손을 구부려 에너지를 정지시키고 그 에너지를 한데 모은다. 또 하반신은 오른쪽으로 허리 부분을 내밀고 있으므로 오른쪽 다리로 중심을 지탱하고, 오른쪽 발꿈치가 그 수직축의 접점이 된다. 이것에 대해 왼쪽 다리는 균형을 이루면서 높이는 자유롭지만 대지에서 떨어진 왼쪽 다리는 왼쪽으로 향하게 된다. 이것도 균형이 이루어지는 한 극단적으로 벌어진다. 특히 허리 부분과 둔부가 커지므로 안정감을 보여주지만, 인도 무용에서는 허리 부분의 각도가 일종의 형태를 표현하는 것에 중요성이 있다. 여기에 손가락의 무드라 표현을 덧붙임에 따라서, 어떤 말과 정서까지도 말해 준다. 여기에서는 우선 신체의 기본형태에 관해 보여주지만, 치담바람의 일백여덟 가지의 카라나 그림 형상을 보면 어깨·팔·손·다리·허리 등을 어떻게 움직이면 좋은가 하는 자태를 보여주고 있으며, 표현이 상세하게 나타나 있다.

돈황 벽화의 무용상

요즈음 여러 해에 걸친 실크로드에 대한 일본의 관심은, 일본문화의 원류를 거슬러 올라가, 일본인으로서 주체성을 확인하고 싶은 염원인 것 같다. 실크로드의 각 지역에는 지금도 여전히 민간무용이 행해지고 있는 것을 발견하게 된다. 그러나 그들의 무용은 오늘날에 전해지고 있는 중국 무용과는 이질적인 것이다. 오히려 중앙아시아 일대에서 볼 수 있는 인도의 민족무용, 또는 한반도의 무용 중에서도 긴 소매를 유일한 표현으로 삼고 있는 것과 대단히 비슷하다. 확실히 남방계 문화권에서 볼 수 있는 무용과 다르다. 그래서 이러한 무용이 과연 어느 시대 어느 지방까지 거슬러 올라가는가를 잠깐 살펴보자. 이제까지의 민족간

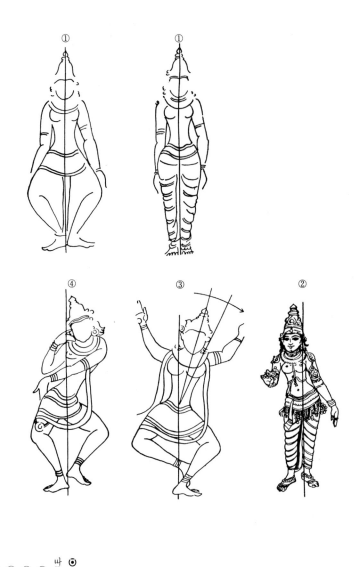

④트리방가
③아티방가
②아방가
①사마방가
바른 네 가지 기본형
⊙〈시르파 샤스트라〉에

의 문화교류는 육로를 통하여 이루어졌기 때문에, 그 근원을 거슬러 올라가면 정주민 사이에는 보이지 않고 유랑하는 민족에게 전승되어 왔다. 1~3세기 동한東漢시대부터 인도불교가 그 실크로드를 통하여 중앙아시아·신강新疆·하서河西(황하 서쪽 섬서陝西·감숙甘肅 지방) 그리고 낙양에 전해졌으며, 7~10세기 당대에 이르러 전성기를 맞아서 각지에 사원이 건립되고, 그와 동시에 불상의 조각과 벽화예술도 꽃피어 크게 융성하였다. 특히 감숙성 서북 지방에 있는 돈황 석굴은 중국 고대 예술의 보고라고 일컬어진다. 이곳에는 불교사상을 선전하는 벽화와 조소가 묘사되어 있고, 고대의 사회생활·풍속습관·의관제도 등을 알 수 있는 생활화사生活畵史로서도 귀중한 자료로 다루어지고 있다. 이 벽화 자료를 보면 무용을 나타낸 것이 많으며, 그것도 문자로 기록된 문헌자료를 입증해 주는 듯 원대·당대의 무용과 아주 비슷하다.

이 돈황 벽화는 불교 고사故事의 일부 장면을 그리거나 조각해 놓았으며, 그곳에 묘사되어 있는 불교 그림을 봄으로써 사람들은 감화를 받는다. 불교 그림은 당대에 유행했던 정토종淨土宗의 신앙세계가 많이 묘사되어 있고, 극락세계를 신도들에게 보여 줌으로써 헛된 환상세계에서 살도록 했다. 이 서방정토를 그린 그림에 무희가 보인다. 이것은 천국 극락세계를 묘사한 〈선악仙樂〉과 백성의 생활을 직접 묘사한 〈속악俗樂〉으로 분류되어 있지만, 노래와 춤의 형태는 어느쪽이나 풍부하게 묘사되어 있다.

이 그림은 272굴窟에서 볼 수 있는 북위시대(5,6세기)의 〈청법보살聽

◉ 청법보살

◉ 보살의 손 모습……下

∴ 上

북위시대 272굴……

法菩薩〉로, 악기를 연주하며 춤추고 있다. 보살의 손가락 자태는 여러 가지 행위를 가르쳐 준다. 또한 악기류는 대부분 서역에서 전래된 오현비파, 공후(하프와 비슷한 동양의 현악기), 갈고(아악에 쓰이는 타악기) 등이 보이고, 이것은 당시 서역과 문화교류가 있었던 일을 증명하고 있다. 또한 서역뿐 아니라 인도의 영향이 보이는 것은 원대의 밀종密宗이 성행했을 무렵의 동굴벽화에서 볼 수 있다. 상반신은 나체이며, 유방이 풍만하고 가느다란 허리를 비틀며 춤추고 있는 모습이다. 이것은 인도의 부조상과 비슷하다. 게다가 춤추는 사람이 양팔을 머리 위로 높이 올린다거나, 양손을 머리 위에서 잡거나 한다. 머리와 허리는 곡선을 그리며 비꼰다. 이것은 아마 서역이나 인도 무용의 영향을 받았을 것이다.

수나라 시대(5~7세기)에 보이는 〈천궁기락도天宮伎樂圖〉에서, 춤추는 사람이 왼손을 아래로 내리고 오른손을 올린 자태, 양손을 머리 위로 올려서 맞잡은 자태, 양손을 머리 위로 올려서 손뼉을 치며 환호하는 모습 등은, 오늘날의 위글족의 민간무용과 터키 무용, 또는 인도의 북부 무용에서도 볼 수 있다. 이와같은 손의 동태는 인도의 무드라 표현과 달리 언어적인 의미는 없으며, 춤추는 사람의 내면에 있는 불심佛心이 손 모습으로 나타나는 것으로 생각된다. 난해한 불교용어를 몸짓으로 표현할 뿐 아니라, 묘사되어 있는 무인舞人에게 감응된 아름다움이 보고 있는 사람의 신체 전체에 느껴지게 된다면 이로써 마음을 정화시킬 수 있는 효능을 갖고 있다고 할 수 있다.

돈황 벽화 중에 직접 고대생활의 무용을 묘사한 것은 적지 않다. 이 벽화는 당대 후기의 의복과 머리 장식·풍속·습관 등을 알 수 있는 귀중한 자료이다. 지금 여기에서 당대 말기(9세기)의 무용을 묘사한 156굴의 〈장의조출행도張議潮出行圖〉, 장張의 처자출행妻子出行 〈송국부인출행도宋國夫人出行圖〉, 5대(10세기)의 무용을 묘사한 100굴의 〈조의금통군도曹議金統軍圖〉, 그 처자출행의 〈회골공주출행도回鶻公主出行圖〉를 다루어 보고 싶다. 네 폭 벽화는 규모도 크고, 동·남·북의 세 벽에 그려져 있으며, 약 3.3미터 전후이다. 색채는 약간 퇴색되었으며 어떤 부분은 찢어져 없어진 곳도 있지만 그 전체상은 남아있다. 당시 하서 지방은 많은 이민족이 모여 살아서 민족 사이의 전투가 계속되었다고 한다. 당대 말기는 토번吐蕃(티벳족)이 통치했지만, 각 민족은 분쟁을 일으키며 반항을 계속했을 무렵이다.

서기 848년부터 851년에 걸쳐서, 하인 장의조는 여러 민족을 통솔하여 토번을 구축하려고 했다. 〈장의조출행도〉는 그와같은 싸움에 임하여 하서 지방을 회복한 모습을 그린 것이다. 춤추는 사람은 여덟 명, 남자는 한나라 복장을 입고 여자는 토번복을 입고 있다. 한 손은 허리에 얹고, 또 한쪽 손은 팔꿈치를 어깨 가까이까지 올려서 머리 위의 오른쪽 경사면으로 펼치고 있다. 다리는 조금 들어올린 자태이며, 이것은 노래를 부르면서 춤추고 앞쪽으로 향해 행진하는 모습이라고 한다. 〈송국부인출행도〉의 무인은 여성이며, 머리카락은 머리 위로 묶고, 옷에는 꽃무늬가 그려져 있으며, 긴 허리를 감싼 치마는 땅에 끌려서 상대적으로 균형을

◉공양기악供養伎樂
북주시대 297굴…
…上

◉오욕오악五欲娛樂
송대 61굴…下

◉연음악무
당대 말기 360굴…
…上

◉유마 할번소주점維摩詰
攣小酒店
송대 61굴…下

이루며 춤추고 있다. 신체는 앞으로 조금 구부리는 것과, 신체의 앞뒤 동태가 양손의 긴 소매를 뒤로 보내는 것처럼 긴 소매를 사용하면서 춤추는 모습을 볼 수 있다. 또한 북조시대(557~581년)의 297굴의 〈공양 기락供養伎樂〉에서 두 사람이 춤추는 자태는, 회홀回紇(지금의 유오이족 維吾爾族)과 비슷하다. 회홀은 당대에는 회골回鶻이라 칭해졌던 점을 생각해 보면, 복장은 한나라 복장을 입고 있지만 소수민족과 아주 친밀한 교류가 있었던 것을 나타내고 있는 것이다. 그러나 이 긴 소매를 사용한 동태는 실크로드를 서방으로 이어주는 터키 무용에서도 발견할 수 있으며, 또한 중국에서 동방의 조선반도로 전해졌다. 더욱이 경극 속에도 그 복장과 동태가 보인다.

또 한 가지 송대의 것으로 불교 고사 중의 일부 내용을 묘사한 61굴의 〈오욕오락五欲娛樂〉을 보도록 하자. 수달나태자須達那太子가 세상의 고통을 보고 수도修道에 귀의한다. 그 출가를 저지하려고 주연과 가무가 열렸다. 여기에서 오욕이란 색色·소리·향기·맛·감촉의 욕망이며, 인간은 노래와 춤에 의해 이와같은 욕심이 생기는 것이다. 욕망을 일으켜서 수행을 방해하려고 여성 한 명이 정자 앞에서 춤추고 있다. 정자 안에는 왕자가 앉아서 관상하고 있지만, 밖에서 춤추고 있는 무희의 모습에 왕자의 마음은 현혹되지 않는다. 왕자 곁에 앉아있는 하인은 눈을 감고, 악무에 마음이 동요되지 않도록 양손을 꽉 잡고, 정자 천정 쪽을 향하고 있다. 그에 비하여 춤을 추고 있는 여성은 허리를 요염하게 비꼬고, 양손의 긴 소매를 아름답게 나부끼고 있는 자태이다.

다음 그림은 360굴의 〈연음악무宴飲樂舞〉이다. 당나라 말기 무렵, 유마힐소설경維摩詰所說經(대승불교의 교전)을 설법하는 불승佛僧이, 민간의 작은 주막과 기방에서도 가두 설교를 하고, 각지를 돌아다니며 무용을 하면서 강연하는 모습을 그리고 있다. 요리와 술이 푸짐하게 마련된 자리에서 술을 너무 마셔 취한 듯 춤추고 있다. 상 앞에 앉은 사람들은 손뼉을 치며 박자를 맞추고 있다. 입을 벌리고 있는 것은 무언가 노래를 부르고 있는 것이거나 장단을 맞추기 위해 지르는 소리일 것이다. 춤추는 사람은 몸을 조금 구부리고, 다리를 높이 들어올리고, 양손은 긴 소매에 싸여있으며 왕성한 힘이 넘쳐흐르고 있다. 그 손은 한 손이 높고, 다른 한 손은 약간 낮게 묘사되어 있다거나 양손 모두 긴 소매를 달지 않고 평행을 유지하는 동태도 많다. 61굴의 〈유마힐변소주점維摩詰變小酒店〉 속의 춤추는 사람의 힘찬 동태는, 역시 유연한 신체의 동태에 다리를 높이 들어올리고, 한쪽 발은 발가락 끝으로 세우고 있다. 이것은 몸을 펴서 발돋움하는 신체가 양손의 흔들림으로 힘차게 박자를 맞추고 있기 때문일 것이다.

중국 채도분彩陶盆에 보이는 무용

1973년 가을 청해성 대통현 상손가채묘지에서 출토된 채도분에 무용하는 사람이 묘사되어 있다. 이것은 신석기시대 마가요馬家窰문화에 속하는 것으로 추정되며, 지금부터 5000년에서 5800년 전으로 거슬러 올라간다. 이것은 염제炎帝에서 황제黃帝시대에 해당되며, 원시사회에서 노예사회로 전환되는 과도기에 해당되는 시기이다. 이제까지 무용을 묘사한 출토문물 중에서 가장 오래된 것이다.

이 무용도舞踊圖는 도분 내벽 상부에 다섯 사람이 손을 잡고 있는 그림으로, 중앙부에 네 개의 띠무늬가 묘사되어 있고, 그 띠무늬에 세 쌍의 무용수가 있다. 무용수의 머리 부분과 신체 부분은 옆을 향하고 있는 자세이고, 손은 옆의 무용수와 맞잡고 있다. 각기 끝에 있는 무용수의 손은 두 개의 선으로 묘사되어 있으므로 움직이고 있는 모습을 표현한 것 같다. 손을 맞잡고 다섯 명이 한 조가 되어 춤추고 있는 듯하다. 그것도 내벽에 묘사되어 있는 모습 그대로 세 쌍이 실제로 마주 보며 춤추고 있는 것인지도 모른다. 각 조의 무용수 사이에는 꽃무늬를 도안화한 일곱 가닥의 선이 그려져 있다.

이와같은 무용수가 도분에 묘사되어 있는 것에 관해서는 다음과 같은 상상을 할 수 있다. 즉 쟁반 속에 물을 붓고, 그러니까 중앙부의 띠무늬가 그려져 있는 곳까지 물을 붓고 속을 들여다보면, 물에 무용수와 풀꽃이 비치는 것을 볼 수 있다. 쟁반을 흔들면 그 무용수들은 마치 연못과 샘가의 풀꽃 속에서 춤추고 있는 듯하다. 옆으로 움직이는가 하면 하늘로 뻗는다거나 땅으로 굽히는 것같이 보인다. 바로 물이 움직임을 만들어내는 것이다. 마치 물 속에 있는 생명이 움직임에 호응하여 만들어내

◉ 채도분
　청해성 대통현 상손가
　채묘지 출토……上
◉ 채도분 문양
　손을 잡은 다섯 사람이
　한 조가 되어 춤추고 있다
　……下

는 듯하다. 그런 무용수 세 쌍이 마주 보며 춤추고 있는 것이다. 고대 사람들은 일상에서 보는 생활의 이미지를 공간적으로 한정된 면 안에서 묘사하고, 그것에 따라 안에 넣고 봉해 버린 무용에서 보이는 생명의 운동을 이렇게 다시 되찾으리라는 것을 생각했을 터이다.

확실히 회화와 조각이 이미지의 정지상태에서 힘찬 생명을 우리들에게 나타냈지만, 움직임을 지닌 신체의 동태는 일단 회화와 조각, 부조상으로 표현됨에 따라서 흐르는 움직임은 한순간 정지된 움직임으로 변해 버린다. 그러나 동굴벽화에서 보는 것처럼 정지된 수렵과 농경생활 속에서 주술이라는 것을 인식할 때, 그 벽에 묘사된 정지된 그림 형상은 실제로 운동을 수반하는 〈움직이는 주술〉이 되는 것이다. 즉 정지된 그림이 묘사되기 위해서는 그리는 사람의 눈 앞에서 움직이는 것이 이미지화되지 않으면 안 되는 것이다. 상징된 사물에는 그것에 대응하는 동적인 사물이 있다는 것을 생각하면, 그것은 인간의 자연스러운 움직임을 묘사하는 것이 아니라 오히려 그리는 것만이 의미를 지닌 움직임이 된다는 것을 알 수 있다. 즉 동태의 제례의식(Ritual movement) 그 자체라 할 수 있겠다. 이것은 묘사한 행위에 일종의 목적이 달려있음을 나타낸다. 그래서 이윽고 자신의 생활 속에서의 움직임과 공통되는 리듬을 발견함과 동시에, 그것에 반응하는 움직임이 생겨 그것을 그림과 도형으로 묘사하거나 형태를 만들고, 나무와 돌로 조각을 함에 따라서 리듬을 멈추고, 운동을 억제하며, 표상(이미지)화하게 되는 것이다.

이와같이 움직이는 것과 움직이지 않는 것 사이에는, 심상心象에 따라 연결을 맺고 있음을 인정하지 않으면 안 된다. 그리고 그 심상은 눈앞에서 움직이는 것이며, 처음으로 심상화되어 머릿속에 기억되어 그것을 다시 심상으로 표현하기 위해 벽·나무·흙·돌·점토·종려나무 잎 등을 소재로 새로운 창조물을 만들어낸다. 정적인 표상물 속에 동적인 힘을 감응하는 것은, 심상이 지닌 에너지의 발현이고 심혈을 기울여서 묘사한 것에는 묘사되는 대상의 생명의 호흡이 그대로 들어오게 된다는 것이다. 거기에서 눈으로 볼 수 없는 영혼의 힘을 느끼는 것은 심상이 받아들인 동적인 행위가 모습을 뚜렷이 나타낸 에너지 그 자체이기 때문일 것이다.

종려나무에 묘사된 무용상

열대 지방에서는 종려나무가 여러 가지 용도로 사용된다. 때때로 카레를 먹을 때 식탁에 커다란 종려나무 잎을 놓고 그 위에 밥과 카레를 담는다. 남인도의 의례무용 부타에서는 몸에 걸치는 옷의 일부가 되며, 밤에 연희를 하기 위해 아침 일찍부터 이것을 준비하며 그것을 만드는 데 여념이 없다. 종려나무는 신성한 숲의 대지를 양분으로 하는 성스러운 나무인 것이다. 의례에 사용되는 종려나무는 특별히 선택된다. 인간은 이 종려나무에 문자를 새기기도 했다. 신성한 주문도, 그것이 종려나무로

해야만 의미를 갖게 되는 것이다.

일찍이 인도네시아 발리섬에서 론탈이라는 종려나무 잎으로 된 각본刻本을 수집하는 사람과 만난 적이 있다. 이 론탈 겉면에는 옛날 이야기가 새겨져 있고 안쪽에는 그림이 새겨져 있다. 이 각본의 제법은 먼저 뾰족한 연필로 문자와 그림을 새기고, 그뒤 다른 종려나무 잎을 불로 지펴서 그 그을음으로 새겨놓은 구멍에 문질러 바르는 것으로, 천으로 닦으면 검은색 그림과 문자가 나타난다. 이것은 원래 힌두교 바라문 승려가 항상 갖고 있던 주술을 암송하는 각본이었는데, 거기에는 무용의 기본 동작과 손의 사용 방법, 얼굴 표정, 눈의 표현법을 비롯하여 음악에 관한 것이 새겨져 있다. 이 종려나무에 새긴 무용 동태가 인도의 오리사주에 전해오는 전통고전무용 오리시 속에도 보인다. 종려나무 사본에 나타난 론탈은 오리사주 각 지방에서 발견한 것을 주립박물관, 프리 라구난단 도서관, 우토칼 대학 등으로 분류한 것으로 대략 15세기부터 17세기에 걸쳐 새겼으며, 작자의 이름도 기록되어 있는 것이 있다. 여기에 소개한 종려나무 사본은 마헤스왈 마하파트라Maheswal Mahapatra에 의한 것으로, 남오리사 지방에서 발견한 것이다.

먼저 제1의 무용 사본을 보면, 처음으로 사원을 볼 수 있다. 그 앞에 손을 모은 무용수의 경건한 모습이 표현되어 있다. 이것은 니베다나(Nibedana)라는 카라나의 자태에 해당된다. 다음은 오른발을 앞으로 내밀고 발꿈치를 세우고 있다. 왼손은 허리에 얹고 오른손은 어깨 앞으로 내민다. 이것도 카라나의 쿤자라바크트라(Kunjarabaktra)의 자태일

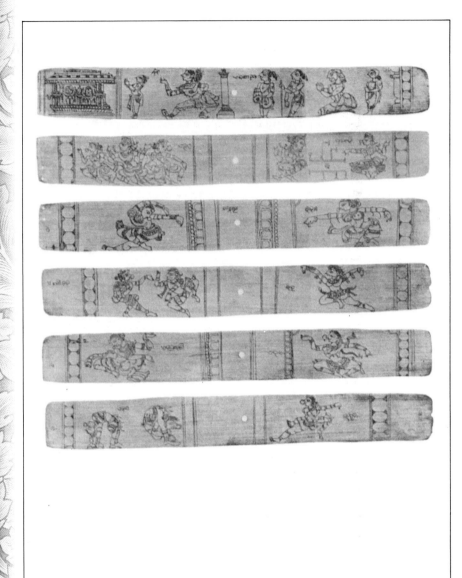

◉종려나무 사본

남오리사 지방.

위에서부터

제1사본

제2사본

제3사본

제4사본

제5사본

제6사본

것이다. 그 뒤쪽에는 음악 연주자가 있다. 북을 어깨에 매달아 허리까지 내리고 있는 사람과 현악기 도기카 연주자처럼 보인다. 그 뒤쪽에는 늙은 남자가 손을 모으고 허리를 굽히고 있다. 그것은 오리시 무용을 사원에 바친 부자와 그 하녀인 것 같다.

제2의 사본은 세 가지 무용상인데, 오리시의 기본 동작인 베리(Beli)의 세 가지 자태처럼 보인다. 각각 손의 동태가 다르다. 왼쪽의 무용태는 양손을 팔꿈치에서 구부려 위로 올렸다. 한가운데의 무용태는 양손을 허리에 얹고 있다. 얼굴은 왼쪽과 마찬가지로 오른쪽을 향하고 있다. 오른쪽의 무용태는 오른손은 앞의 두 사람과 같지만, 왼손은 왼쪽 아래로 내리고 얼굴은 왼쪽을 향하고 있다. 한가운데의 동태는 카라나의 마르다라(Mardala)이며, 양다리는 챠우카(Chauka) 즉 다리를 벌리고 있는 자태이며, 머리는 왼쪽으로 향하고 있다. 마르다라란 양손으로 마르다르의 북을 연주하는 모습에서 딴 이름이다. 오른쪽의 두 사람은 손에 악기를 들고 있는 자태이며, 또 한 사람은 오른손을 보면 현악기를 손톱 끝으로 뜯고 있는 듯이 보인다.

제3의 사본은 허리에서 대담하게 휘어서 꺾은 상반신과는 반대로 양손을 길게 뻗었다. 오른쪽의 무용상도 양손을 커다랗게 벌리고, 중심이 아래쪽을 향하고 있다. 이것은 바이다(Baitha)라고 하는 카라나의 앉는 자태와 비슷하다.

제4의 사본은 두 사람이 마주 보며 춤추고 있지만, 오른손의 무용상은 왼발 끝으로 위로 뻗친 신체의 균형을 잡고 있는 듯하다. 왼쪽의 양손을

샤먼 두 사람의 춤

터키의 세밀화 15세기 무렵

어깨 높이로 올리고 지금이라도 날아오를 듯한 모습은 바운리 베리 (Bhaunri Beli)일 것이다. 이 동태는 한 자리에서 날아올라서 회전하는 모습이지만, 동시에 날아오르는 자태로도 볼 수 있다.

제5의 사본은 다리는 좌우로 벌리고, 왼발은 평평하게 딛고 오른발은 발끝으로 선다. 양손은 모두 왼쪽으로 뻗어서 왼손은 팔꿈치를 구부리고 손목이 다시 구부러지는 트리방가 자태를 취한다. 고도의 기술로 세련된 모습이다. 오른쪽의 무용상도 허리의 비꼬임과 양다리의 안정감으로 신체는 오른편을 향하며 오른손도 오른쪽으로 길게 펼쳤지만 팔꿈치를 구부리고 손목으로 다시 구부리며, 왼손은 거꾸로 왼쪽 뒤편으로 뻗치고, 손가락은 왼쪽 아래를 가리키고 있다. 이것도 신체의 동태로서는 어려운 자태이다.

제6의 사본은 카라나에 보이는 사가디아 반다(Sagadia Banda)로, 《사티야 샤스트라》에 기록되어 있는 샤크타스얌 카라나(Shaktasyam Karana)와 같이 곡예를 하는 듯한 자태이지만, 복부를 아래로 내리고 양다리를 구부리는 것은 아니다. 이것은 선 자세에서 그대로 뒤로 구부리며 양다리 사이에 얼굴을 끼우는 것으로, 그뒤 차바퀴 형태를 취하는 것은 아닌가 하는 생각이 든다. 오른쪽의 무용상은 오른쪽 다리를 크게 벌렸지만 왼발은 발끝으로 왼무릎을 세게 내밀었다. 오른쪽 다리가 강한 탓인지 양손은 왼쪽으로 길게 뻗어나간 자태를 취하고 있다. 얼굴은 오른쪽을 향하며, 이것도 조각상의 트리방가를 취하고 있는 아름다운 자태를 보여주고 있다.

이와같이 치담바람에서 보이는 무용성전《나티야 샤스트라》의 제4장 〈탄다바 라크샤남〉의 카라나상은 인도 각 지역의 무용에 전해오고 있다. 카라나의 부조상은 정적이지만, 동적인 자태를 나타내고 있다. 한편 인간 자체의 동태는 동적이지만, 반드시 부조상에 보이는 정적인 자태가 요구된다. 인도 무용의 구루(선생)들은, 이 오리시와 같이 종려나무 잎으로 된 각본을 입수하여 무용의 정수를 담아 무용의 동태를 가르쳤을 것이다.

서아시아의 세밀화(Miniature) 무용상

15세기 무렵 서아시아에서는 세밀화가 성행하였다. 그 중에는 두 사람의 샤먼이 마주 보고 있는 그림이 있다. 두 사람 모두 피부는 검고, 양손에 파란색 헝겊을 들고, 하반신은 빨간색에 파란 옷감을 사용한 치마 모양의 천을 대고, 힘찬 신체의 동태를 훌륭하게 표현하고 있다. 왼쪽의 남자는 뛰어오른 상태인데 양무릎을 상반신 가까이까지 들어올리고 있으므로 꽤 높이 도약한 것을 알 수 있다. 발목이 비틀어져 발바닥을 보이고 있다. 양손은 팔목과 팔꿈치 사이를 비틀지 않으면 볼 수 없는 자태이다. 이것은 샤먼의 약동하는 동태의 단면을 묘사한 것이다. 한편 오른쪽의 남자는 땅에 발을 대고 있지만, 이른바 발뒤꿈치를 대지 않고 발가락 끝으로만 착지하려는 발 모양으로 뛰어오르려고 할 때, 또는 차올리려고 할 때의 모습이다. 왼쪽 다리도 가슴 근처까지 들어올려져 있으므로 그 동태의 격렬함을 알 수 있다.

　그런데 이 두 사람이 검은 피부를 하고 있는 것은, 터키와 인도의 국경 근처에 사는 탁발승을 나타내고 있는 것이다. 이 그림은 검은 샤먼과 흰 샤먼을 상징적으로 나타내고 있으며, 악령을 구제하는 샤먼의 춤이다. 더욱이 두 사람이 양손에 든 천의 청색은 하늘을 상징하고, 허리 천의 적갈색은 땅을 상징하고 있다. 즉 이 샤먼의 신체가 확실히 하늘과 땅을 지배하는 소우주 그 자체인 것이다. 색채의 상징과 동시에 신체의 동태에도 좌우대칭적 자태가 바람직하게 묘사되어 있다. 좌우 어느쪽이든 한쪽 손이 하늘로 뻗쳐 있다면 반드시 다른쪽 손은 땅을 향해 뻗어있다. 또한 한쪽 손이 앞으로 나와 있으면 다른쪽 손은 뒤쪽으로 묘사되어 있다. 이것은 신체에너지의 확산과 수축을 뚜렷이 나타낸 동태로 간주할 수 있을 것이다. 이것은 팔로 표현하지만, 손가락이 어떤 방향을 가리키는 동태와 손가락을 제1,2 관절로 구부려서 현악기 따위를 손톱 끝으로 타는 듯한 동태에 의해 역시 강함과 약함의 동태가 표현되고 있다. 중국에서는 동태가 비교적 민첩하고 웅장하며 힘찬 것을 건무健舞라 하며, 부드럽고 유미·우아한 것을 연무軟舞로 분류하여 당대부터 사용하였는데, 이것도 신체가 지닌 두 가지의 상반되는 힘, 즉 음과 양의 현상인 것이다.

무용의 정태靜態와 동태動態

무용은 여러 예술 가운데 시와 음악에서 시간성과 청각성 및 회화·조각·건축의 공간성과 시각성 대부분을 합친 종합예술이며, 여기에 연극에서 보이는 연극적 구성을 받아들임에 따라서 이제까지의 이른바 회화·조각·건축·시 등의 현상화에서 보이는 정적인 표현태를 인간의 신체를 매체로 동적인 표현태의 표상을 만들어냈다. 무용은 성스러운 것, 진실한 것의 거울, 즉 〈몸짓의 거울〉이다. 보고 있는 사람들은 그곳에 비춰지는 성스러운 것의 몸짓을 보는 것으로 신들과 감응하게 된다. 그리고 인간은 생활 속에서 돌과 나무 등을 도구로 사용함에 따라서 손으로 문화를 창조하기 시작했다고 하지만 우리들은 그보다 이전에 자신의 신체를 도구로 사용했음을 잊어서는 안 된다. 이 인간의 움직임이야말로 문화를 밖으로 나타내는 것이다. 고대문화로서 조각·회화·건축 등 유형적인 것이 남아있음과 동시에, 우리들은 형태는 없지만 생명을 동반하는 무용이라는 인간의 동태에 의하여 문화를 신체로 전승해왔다고 할 수 있다. 인간의 일상적인 동태는 시대·시기 또는 도시·산간벽지·해양지 등의 지역이나 풍토의 영향에 따라 변화된 것은 말할 필요도 없다. 그렇지만 그 중에서 제례의식이나 의례 등을 행할 때 보이는 비일상적인 동태는 아주 일정하다. 그것은 어떤 목적에 의하여 정해지고, 결정되는 의식이야말로 유익하다고 생각했기 때문일 것이다.

이와같이 일상과 비일상생활 속에서 볼 수 있는 인간의 동태는 인간끼리의 이해와 반응에 따라 성립되었으며, 어떤 종류의 동태는 이것을 표현하고 있을 것이라는, 말하자면 약속과 같은 구성이 갖가지 움직임을 만들어낸 것이다. 인간의 마음에 떠오르는 생각은 대부분 신체를 사용하여 구체적으로 표현할 수 있으며, 또한 추상적·관념적으로도 표현할 수 있다. 그러므로 무용이 매우 설명적·해설적이거나 난해한 말로 표현되는 것처럼, 신체의 동태를 뚜렷이 나타내는 것이 추상적이라거나 단순히 역동적인 움직임으로밖에 보여 줄 수 없기도 하다. 이것이 무용이 지닌 양면성이다. 그러므로 신체의 정태에 내면적인 충실을 보이는 것은, 종종 일본의 노우에서 〈정지 속의 움직임〉이라는 말로 표현되고 있다. 또한 반대로 〈움직임 속의 정지〉 즉, 역동적인 동태 속에서 정신을 조절하는 정태 속의 기력氣力의 지속성은 인도 동벵갈 지방에 전해오는 세라이케라 궁정의 쵸우와 인도네시아의 와양 토펜에서 볼 수 있다.

이와같은 동태의 두 형식인 움직이는 것과 정지하는 것이 무용 리듬을 명확하게 만들었다. 그러나 우리들의 눈에 보이는 무용은 움직임의 진행에 따라 옮겨가기 때문에, 오히려 동적인 표현태를 무용의 본질이라 할 수 있지만, 정적인 표현태가 있기 때문에 그 동적인 움직임이 강하게 우리들 감성에 와닿을 수 있는 것이다.

인도의 성전 베다는 신들의 말이었다. 베다에 기록된 문자는 리듬이 수반되어 노래가 불리워졌고 암송되어 왔다. 그리고 인간의 신체로 표현되었고, 거기에 정서와 감정이 덧붙여져서 결국 그 총합으로서의 무용공연을 목적으로 하는 공간, 즉 극장이 만들어지게 되었다. 그러나 이와같은 성전은 후에 세월이 흐르면서 다양하게 해석하게 되었으며, 많은 해석 학자들이 독자적인 설명을 하게 된 점은 어쩔 수 없는 일이라 하겠다. 지금 우리들은 성현 바라타 무니가 신의 계시를 받고 신들의 말씀을 기록했다고 하는 《나티야 샤스트라》는 시각적이며 문화적인 자료를 지닌 것으로 보았으나, 그러한 것들은 오늘날 공연되고 있는 고전무용 가운데에서는 좀처럼 발견할 수 없는 것이 되어버렸지만 기본 동태는 지금도 전승되고 있으며, 더욱이 각 지역의 민속무용에 살아있는 것을 보면 흥미있는 일이다. 사원 그 자체를 무용하는 부조상으로 만든 치담바람의 시바 사원은 무용과 종교의 관계를 상징적으로 보여 준다. 그리고 그 무용수의 자태를 보면, 일상적인 인간의 동태를 표현한 것이 아니라, 신이 인간의 신체를 소재로 하여 표현한 자태라는 것을 알 수 있다. 이와같은 자태가 지금의 무용에 남아있는지의 여부를 지금까지 무용 성전 《나티야 샤스트라》가, 다른 예술인 조각을 빌려서 표현해왔다는 것을 설명하였다. 그렇지만 무용가가 되고자 하는 사람들은 신들을 향해 경건함을 맹세하고, 심신 모두 신과 가까이 있으려 하지 않으면 신과 하나가 될 수 없으며, 무용하는 사람이 일반 사람들과 매체로써 활동하는 기능도 갖추고 있음을 의미한다. 무용가는 신의 매체로써 인간성을 말살할 필요가 있다. 그것이 일상적인 동태에 없는 비일상적인 동태이며 요가와 곡예를 하는 듯한 고행자의 신체훈련은 인간이 아님을 보여

주는 것은 아닌가, 라는 생각을 했다.

성스러운 것의 신체화는 무용을 통하여 성스러운 에너지를 발동시킨다. 그 성스러운 무용 자태는, 신의 자태를 표현한 부조상·벽화·조각 그리고 그림 등에서 볼 수 있다. 움직이는 것을 정지된 것에서 볼 수 있고, 정지된 것에서 움직이는 생명을 들을 수 있다. 무용은 움직이는 것을 생명으로 하지만, 무용이 표현하고자 하는 본질은 이와같은 정적인 표현태에서 바르게 파악할 수 있다고도 할 수 있겠다.

발리섬

싱가라쟈

구눈 아군▲
부사키

탄파크시린

방구리

우브드
브리아탄
타바난
바트부란
텐파사르

페젠
쿠룬쿤

갸냘

브라바두
사눌

네가라

가면과 가멜란이 지닌 마력의 시간과 공간, 토펜
········ 인도네시아, 발리섬

제례祭禮의 섬, 발리

발리섬의 토펜이라는 가면무용극을 현지답사한 곳은 사눌 마을이었다. 옆의 자바섬에서 3개월 가량 조사하였는데 시기적인 어려움도 있어서 정보를 그다지 얻을 수 없었던 것과는 달리, 발리에서는 매일같이 오다란이라는 제례가 섬 여기저기에서 행해졌으며, 오다란의 날에 해당하는 사원을 찾아가면 갖가지 예능을 볼 수 있다고 들었다. 그러나 필자의 현지답사는 일반인의 정보를 기초로 삼고 있으므로, 현지의 각 마을을 직접 발로 밟으면서 정보를 모았다. 열댓 명 남짓되는 사람에게 질문하는 데 있어 어느 마을의 어떤 무용이 좋은 것인가, 또는 누가 가장 멋진 무용수인가 하는 항목을 반드시 넣었다. 적어도 다섯 명 이상의 사람들이 말해 주는 마을·무용·극·무용수에 관한 통계가 나오면, 반드시 그 마을을 방문한다거나 공연의 기회를 기다렸다.

발리섬에는 일찍이 해외공연을 한 적이 있는 프리아탄 마을과 품츄탄 왕궁의 무용이 알려져 있다. 그러나 필자의 조사목적은 우선 어떤 무용이 어떠한 형태로 전승되고, 그 공연의 사회적 기능 등의 정보를 모아 비교연구하는 것이었으며, 가능한 한 같은 형태의 무용을 다루려는 데 있었다.

사눌 마을 — 1972년 5월 30일

발리섬에 도착한 지 이틀째 되던 날 사눌 마을의 답사에 나섰다. 덴파살 시내의 민박집을 나와서, 베모라는 삼륜차로 시내를 세 번 돌았다. 이 베모는 소리를 지르면 어디에서나 정차를 하였지만, 필자가 가는 사눌은 시내에서 멀리 떨어져 있었으므로, 도중에 승객을 태우면 그쪽을 먼저 내려 주기 위해 빙글빙글 돌았다. 지도를 손에 들고 있었으므로 시내 지도가 한층더 머릿속에 잘 정리되어 오히려 좋았다.

한 시간 가량 지난 후 사눌 마을에 내렸다. 어디에 마을이 있는지 알 수 없었다. 길은 있지만 사람의 왕래가 적다. 사눌은 외국인의 피서지로 되어 있었으므로 일반인이 탄 베모가 들어가는 영역이 정해져 있는 탓인지, 상당히 멀리 떨어진 불편한 곳에 내렸다는 것을 조금 지나서야 알았다. 높은 야자나무 덕분에 하늘은 새파랗지만 강한 햇빛을 가릴 수 있었고 공기도 약간 차가웠다. 길가의 상점에서 식사를 했다. 그곳 가까이에 가룬간이라는 선조를 기리며 신년을 맞이하는 제례가 있으며, 지금은 매일같이 가멜란 연극과 무용극이 있다는 것을 가르쳐 주었다. 오늘밤은 토펜이라는 가면무용극이 있고, 지금 바다 쪽에서 준비가 행해지고 있다는 것도 들었다. 그때는 카메라·필름·테이프를 충분히 갖고 있지 않았지만, 어쨌든 준비단계부터 보고 싶어서 바다 쪽으로 가보았다. 저녁 나절부터 간단했지만 의식을 거행하기 위해 무대를 장식할 장식물을 조금씩 만들고 있다는 것도 들었다. 그래서 황급히 민박집으로 되돌아가기 위해, 다시 베모를 구하여 필요한 도구들을 가지러 돌아갔다. 발리섬에서 최초의 현지답사는 이와같은 형태로 시작되었다.

오후 4시 무렵부터 무대의 좌우를 장식하는 종려나무를 작은 칼로 다듬어 무엇인가 무늬를 만들고 있다. 이것은 신을 맞이하는 펜쫄과 같은 기능을 하며, 상연 때마다 만들었다. 몇 시간이 지나면 곧 말라버린다. 그래도 공연을 위해 시간을 들여서 아름다운 모자이크 무늬를 세공하여 공들여서 장식을 하는 것이다. 공연은 7시이므로 그 전에 함께 식사를 하자고 한 마을 사람이 권유를 했다. 그에게 토펜에 관해 들을 수 있는 좋은 기회라 생각하며 필자의 조사하려는 항목에 따라서 예비조사를 짧은 시간에 실시하였다. 역사적 배경과 공연 소재·공연 목적·시기·시간·장소·연희자의 수·연령·소도구·가면의 종류·음악 연주·연습 훈련 등을 계속해서 체크하였다. 이러한 항목을 적은 노트는 이미 자바에서 상당히 효과를 거둔 것이라서 요령있게 할 수 있었다.

토펜은 역사적으로는 17세기에 자바에서 전해졌다고 한다. 토펜이라는 말은 어떤 것을 〈누른다〉는 것이 본뜻이며, 얼굴을 꽉 누르는 가면을 토펜이라 하는 것 같았다. 또한 타펠이라는 말도 사용된다고 한다. 자바에서 토펜은 장례의식 때 행해졌다는 것이 14세기 무렵에 시문詩文 〈키둔 순다〉에 기록되어 있는 것을 읽은 적이 있다. 그렇지만 발리섬에서는 그와같은 목적으로는 공연되지 않는다고 한다. 그리고 그 사람에게

◉토펜 연희자
어깨 표현이 특징이다

……上

◉연희자의 전신 등장……

下

◉전가면 토펜 쿠와반……

上

◉반가면 토펜 시바칸……

下

반대로 자바의 토펜은 어떤 것인가고 물었다. 비행기로 30분 정도 떨어진 거리에 있는 곳인데도 불구하고 발리섬 사람들 대부분은 거의 왕래하는 일 없이 지내고 있었다.

이야기에 열중하고 있는데 가멜란이 연주되기 시작했다. 급하게 서두르려는데, 저것은 가멜란의 연습이므로 공연이 시작되려면 아직 30분 정도 있어야 한다고 말했다. 필자의 생각으로는 무엇인가 시작한 것 같았지만, 안내자는 어렸을 적부터 보고 들어온 것이었으므로 서두르지 않고 태연했다. 필자가 보고 싶은 것은 가멜란 연습이 아니라, 분장실에서 가면을 대하는 연희자의 태도였다. 그런데 분장실에서 카메라를 들이대면 양손으로 가리며 안 된다고 말했다. 그제서야 자바의 농촌에서 그림자놀이 인형극을 볼 때 플래시를 터뜨려 관중이 깜짝 놀랐던 것을 떠올렸다. 플래시는 성스러운 영혼의 힘을 그 섬광으로 잃어버리게 한다는 것이었다. 이곳 발리섬에서도 같은 체험을 했다. 그래서 카메라 없이 분장실의 모습을 보고 싶다며 부탁을 했다. 처음에는 부락민 이외의 사람에게는 보여 줄 수 없다고 하였지만 마침내 허락을 받아낼 수 있었다. 그러나 이것은 오히려 다행인 것 같았다. 가면을 쓴다고 하는 행위를 카메라 필름을 통하지 않고, 자신의 눈으로 보고 기록할 수 있었던 것이다. 그것은 바로 일종의 신성한 의식이라 할 수 있는 자리에 참가하게 되었다는 것이다.

하얀 천으로 씌운 가면을 작은 대바구니에서 들어냈다. 연희자는 손을 모으고 주문을 외우며 하얀 천을 들었다. 그리고 조용히 가면의 표면을

○순간적으로 좌우로 공
간을 이동하는 동태는 기
민함을 나타내고 있다···
···上

○의례적인 순서를 밟는
승려와 가면이 들어 있는
대나무바구니···中

○상연 후 가면을 벗은 연
희자들, 분장실에서···下

잠시 바라보았다. 그것은 가면을 소생시키는 것인지, 아니면 눈으로 볼 수 없고 귀로 들을 수 없는 가면의 내부에 감춰져 있는 호흡과 합일을 이루려는 것인지 궁금하였다. 이렇게 해서 가면이 갖추고 있는 영혼은 연희자의 영혼을 진혼함으로써 교류하게 될 것이다. 가면은 얼굴에 조용하고 엄숙하게 씌워졌다. 여기서 가면과 연희자의 얼굴, 실제와 허상은 하나가 되는 것이다. 그러면 연희자의 어깨와 팔다리가 미미하게 떨리기 시작하고, 양팔은 어깨 높이까지 올라간다. 허리가 조금 구부려진다. 가면을 쓴 연희자는 우리들 쪽을 향한다. 가면은 노인이다. 무엇인가 아름답게 말하려 하고 있다. 문득 그 소리를 들은 적이 있었던 것 같은 착각이 들었다. 필자는 어느 사이엔가 토펜의 세계로 들어가 있었다.

가면에는 두 가지 종류가 있다고 한다. 전체가면과 반가면으로 전자는 토펜 쿠와반(Topeng Kuwuban)이라 하고, 후자는 토펜 시바칸(Topeng Sibakan)이라고 한다. 가면을 씀으로써 연희자의 마음과 일체화되므로 가면을 손에 들었을 때는, 가면의 영혼이 신체로 흘러 들어오는 듯한 느낌을 받는다. 그리고 가면이 얼굴에 씌워지게 되면, 이미 가면이 표상하는 인물이 된다. 일반적으로는 토펜 연희자의 수는 적어서 3,4명 정도이다. 얼마 안 되는 연희자가 가면이 표상하는 인물로 순식간에 변하기 위해서는 대단한 기량이 요구된다.

연희자는 무대 중앙에 걸려있는 막의 뒤쪽에 선다. 무대 아래편에 가멜란 연주자와 가수가 앉아있다. 어떻게 등장하는가 기대하고 있는데 막이 약간 흔들리며 막 아래로 연희자의 발이 보였다. 관중은 그 발의 움직임으로 등장인물의 이름을 알고 있었다. 그렇게 하고 있는 동안에 막 중앙으로 가면이 나오면서 신체 전체가 나타났다. 정말 재미난 연출이다. 발의 동태가 가면의 인물을 나타내는 것이다. 게다가 가멜란 연주는 신체동작과 일체가 된다. 마치 가멜란 소리가 신체의 조종사 같다는 생각이 든다. 그와 동시에 동태가 가멜란의 소리를 만들어내는 것일 터이다. 몸짓은 소리와 조화를 이루고 그곳에서 다양한 움직임이 생겨나는 것이다. 하나라도 빠뜨리면 성립될 수 없는 구조를 갖고 있는 것 같다고 생각했다.

토펜은 가무극이다. 무용에 연극적 구성이 삽입되어 있고, 《바바드》라는 연대기에서 전기물戰記物을 소재로 삼고 있다. 주역의 가면은 얼굴을 전부 가렸다. 그에 비하여 턱·볼·코·눈 등의 일부가 없는 경우는 하인이나 어릿광대이다. 주역은 대사를 외우지 않는다. 그것을 반가면을 쓴 하인이 통역한다. 연희자의 몸짓은 허리를 조금 구부린 상태에서 양발을 좌우로 벌리고, 양어깨 부분까지 양손을 올리는 것으로 어깨가 넓은 것처럼 보인다. 무장한 전사를 표현하고 있는 것일까. 발을 벌리고 움직이는 방법이 특이하다는 것은 앞에서도 서술하였지만, 신분이 고귀한 사람은 발 바깥쪽에서 대지로 발을 내려놓으려고 하며 천천히 발을 움직인다. 좌우로 일순간에 공간을 이동하는 동태는 기민함을 표현하고 있다. 그 움직임은 가멜란의 소리와 함께 변화를 보인다. 이것은 와얀 그림자놀이 인형의 움직임과 공통되는 점이라고 할 수 있을 것이다.

이와같이 몇 가지 무대상의 연희에서 느낀 것을 기록해 보았다. 이 실제의 상연에서 느낀 것과, 또한 기록해가야만 되는 항목을 다음날 약속을 해서 더욱더 많은 정보를 얻기로 하였다. 제일 먼저는 가면에 관해서이다. 다시 사눌 마을을 방문하여 토펜 무용극에 사용하는 도구의 종류·의상·가면에 관하여 기록을 했다. 연희자의 집에서 숲 속으로 한동안 걸어간 곳에 대나무로 만든 사당이 있다. 이곳에는 토펜뿐만이 아니라 오다란의 행사 때에 사용하는 도구가 수집되어 있다고 한다. 내가 도착하자 그곳에 한 승려가 기다리고 있었다. 이 신성한 사당을 수호하고 있는가 싶은 생각을 했으나, 공연 이외에는 가면의 사당을 모시는 일이 없으므로 일부러 필자가 보고 싶다고 요망했기 때문에 축수와 주문을 외워주기 위해 왔다고 한다. 간단하게 생각했지만 역시 일종의 의례적인 순서를 밟지 않으면 안 되는 것이었다. 발리 사원에 들어갈 때처럼, 이때에도 허리에 천을 감고 있었다. 승려가 주문을 외우는 약 5,6분 동안 합장을 하였다. 아주 신성한 영역에 들어가 있는 자신을 발견할 수 있었다. 드디어 승려는 대나무 문을 열고, 그 속에 보관되어 있는 대나무 바구니를 하나씩하나씩 들어냈다. 하얀 천으로 싼 가면의 이름과 크기를 기록하였다. 어젯밤은 가면을 카메라로 촬영하는 것을 저지당했는데 오늘 아침에는 한 마디도 하지 않았다. 그러나 셔터를 누를 때마다 신성한 가면에 손을 대고 그 다음에야 촬영을 했다. 지난밤 공연 전의 사건과 어떠한 관계가 있는가를 생각하게 했다. 그러나 눈 앞에 있는 가면에는 지난밤 공연에서 보았던 영혼의 힘은 느낄 수 없었다. 역시 가면을 쓴 신체가 있어야만 가면도 소생하는 것일까. 가면은 신들의 세계와 교류하기 위한 일시적인 얼굴 표정이다. 가면이 없으면 그와같은 신체의 동태는 생겨나지 않는 것일까. 가면과 몸짓의 호응은 가멜란 음악이 그 연희를 하는 시·공간과의 조화를 창조해내는 것으로, 그 전체가 토펜의 매력인 것이다.

그곳에서 연희자에게 토펜의 기본 동작을 배웠다. 가면을 썼을 때의 얼굴 표정과 수족의 동태 등을 보여 주었다. 지금은 가면을 쓰지 않았다. 그러나 그 동태가 연속되는 동안에, 어젯밤의 동태와 동일화되어 간다. 의상도 걸치지 않았지만 기본 동작인 손가락 움직이는 방법과 발을 벌리는 방법, 허리 비꼬는 방법 등 깨달을 수 없었던 것을 보여 주었다. 어젯밤에 보았던 연희자들은 자식에게도 가르쳐 주는가, 하고 물으니 특별히 지도하고 있다기보다 어렸을 때 기본 동작을 가르친 이후 아무것도 하지 않는다고 말했다. 그들은 실제로 공연을 봄으로써 극의 세계와 자연스럽게 친숙해지고, 몸짓의 동태를 습득한다고 말했다.

연희자는 공연 이외에는 자신의 일을 하고 있다. 때로는 마을의 집회 장소(반쟐)에 가서 가멜란 연주에 참가하기도 한다. 지금은 외국인 관광객에게도 보여 주고 있다. 그쪽이 수입이 좋으므로, 사눌의 피서지를 찾아오는 관광객을 위해 호텔과 계약하여 공연하게 되었다.

이와같이 토펜 가면무용극을 둘러싸고 있는 구성요소를 기록하여 현지 답사를 문자와 스케치·메모 등으로 남겼다. 그것을 자바에서 기술하였던 것과 비교·대조하면서 인도네시아의 가면에 관한 것을 정리하게 되었다.

저자 후기

아시아 각지의 무용에 관한 현지답사를 시작하면서 여러 민족의 많은 사람들과 만날 기회를 가졌다. 처음 방문한 인도네시아의 발리섬에서 보낸 몇 개월 동안에, 이제까지 필자가 살아온 세계가 너무도 세속화되어 있다는 것을 깨닫게 되었다. 그것은 발리섬 사람들이 생활하고 있는 세계야말로 본래 인간이 추구해야 될 세계가 아니겠는가, 라는 생각이 들었기 때문이다. 각 마을에서 신과 사람 사이에서 이루어지는 전달의 본연의 자세를 배웠다. 이 전달의 시공간이 제사·의식이며, 사람들은 그 속에서 신들과 감응하게 된다. 이 감응이 현저하게 보이는 곳이 무용이다.

대만의 각지에서 본 신들린 탕키는 마을 사람들의 길흉을 신체의 동태로 표현한다. 인도의 케랄라주에서 본 티얌과 부타의 제사무용에서는 질병을 없애기 위해 연희자의 신체에 나쁜 병을 달라붙게 해서 연희자 스스로 불에 의한 의례를 받는다. 가면과 인형이 아니라 살아있는 신체로서이다. 동인도의 벵갈주에서 본 플루리아의 쵸우에서는, 농민은 격렬하게 춤추는 것으로 자신들의 염원의 실현을 하늘과 땅에 기원한다.

이와같은 장면의 현지기록과 사진을 보면서 필자의 마음은 다시 활기가 솟는다. 사진을 보는 것만으로도 그때의 소리가 귓속 깊숙이까지 들려온다. 시 · 공간을 초월하여 그 장소에 있는 것 같다. 이와같이 기억을 더듬어 다시 체험하는 기분으로 적어나갔다.

본서는 잡지 《유리이카》 1983년 11월호의 〈특집 · 무용대전舞踊大全 — 신체의 우주론〉에서, 이제까지 수집한 아시아 무용의 연구와 전망에 관하여 기술하였던 졸고 〈무용의 인류학 — 신체동작을 듣는다〉를 검토한 파르코 출판사 편집부의 이께시마 히로꼬池島廣子 씨로부터 새로 써줄 것을 권유받아서 출판하게 되었다. 당시는 아시아 각지의 무용과 연극 공연이 일본 각지에서 개최되고 있었고, 많은 사람들이 아시아에 관심을 갖기 시작했을 무렵이기도 하다. 이렇게 무대에서 공연되는 무용이 어째서 현지에서 보고 들었던 때의 다이나믹한 표현력을 잃어버리고, 공연의 본질에서 동떨어진 단순한 공연물에 지나지 않게 되어버렸는가를 호소하고 싶었다. 아시아 무용은 우리들이 잃어버린 것을 가르쳐 주었다. 아시아의 현지답사를 하는 동안에 필자의 마음은 안타깝게도 점점 소실되어가는 순수한 무용의 원형을 발견하고 이해하고 싶었다. 필자의 무용에 대한 정열을 본서를 출판함으로써 다시 쏟아부을 수 있는 기회를 갖게 된 것에 감사하고 있다.

또한 원고를 작성해가는 동안에 이제까지 아시아 각지에서 기록한 내용을 발표할 지면을 만들어 주고, 본서의 테마를 생각하게 해 준 잡지 《일본 음악과 무용》의 편집장 히라노 히데도시平野英俊 씨에게 감사의 말씀을 드리고 싶다. 그 연재는 1983년 4월부터 4년의 세월이 지난 지금도 계속되고 있고, 이것도 앞으로는 그림을 많이 삽입시켜 정리해볼

계획이다. 그리고 1980년에 인도 무용을 조사할 때, 원조를 해 준 국제교류기금, 또 1981년부터 82년에 걸쳐 하와이의 동서문화센터의 장학금을 받아 유학한 하와이대학 대학원 연극학과의 J.브란트 교수, 무용학과의 K.올쯔 교수, 음악학과의 민속무용학을 담당하는 J.B.자일 교수, 동서문화센터의 언어문화연구소의 무용인류학의 선구자 C.케리노호모크 교수, 인도무용연구의 제일인자 K.바챠얀 여사, 터키의 앙카라대학 M.앙트 교수, 그리고 아시아 각지에서 무용을 전승하고 있는 많은 사람들과의 만남과 협력이 없었더라면 본서는 완성될 수 없었을 것이다. 또한 본서의 장정을 기꺼이 맡아 주신 스기우라 고오헤이杉浦康平 씨·다니무라 아끼히꼬谷村彰彦 씨에게도 감사를 드리고 싶다. 스기무라 씨와의 만남도 히말리야 산맥을 넘어 라다크 지방에서 무용조사를 할 때였다. 이러한 사람들과의 만남은, 모두 아시아라는 공통된 세계를 갖고 있기 때문에 수월하였고 눈으로 볼 수 없는 기연奇緣임을 느끼게 하였다.

끝으로 아시아 각지의 무용인들이 지금도 변함없이 신神, 그리고 자연과 교류를 위해 연희하게 되기를 바란다.

마지막으로 1년 가까이 집필작업을 하는 동안에 인내심 있게, 그리고 흥미를 가지면서 원고가 완성되기를 기다려 주신 이께시마 히로꼬池島廣子 씨에게 재삼 고마운 뜻을 표하는 바이다.

1987년 9월

무용용어해설

[바라칭기 야 가남 Valachingi ya ganam]

대만 난서도蘭嶼島에 전해오는 아미족雅美族의 무용. 〈바라칭기〉란 머리카락을 위아래로 흔드는 것을, 〈가남〉이란 무용을 뜻한다. 여성들이 서로서로 팔짱을 끼고 머리카락을 흔드는 것은 물고기가 그물 속에서 팔딱거리는 모습을 묘사한 것이며, 꽉 낀 팔은 그물에서 물고기가 도망가지 못하도록 하는 것을 상징하고 있다. 검은 머리카락에 대한 신앙과 신체의 동태가 합해져 주술적인 행위를 이룬다고 할 수 있다.

[우파챠라 Upacara]

인도네시아, 발리섬의 순수무용. 발리섬의 정월(뉴피) 제례의식을 맞아 사눌 마을의 사원 정원에서 보았다. 가멜란 음악에 맞추어 신체를 움직인다는 의미의 우파챠라는, 사원에 공물을 올리는 사람들이 리듬에서 생기는 신체의 자연스러운 움직임을 표현한다. 이 우파챠라의 형태가 양식화된 것이 오늘날의 발리 무용이라 할 수 있다. 고도의 훈련과 기술에서 생겨난 오늘날의 발리 무용 가운데에도 이와같이 소박한 표현이 있다.

[오탄 투랄 Ottan Thullal]

남인도 케랄라주의 무용극. 카타카리 무용극과 마찬가지로 무언극이다. 제례의식이 시작되면 연희자 한 사람과 가수·고수 그리고 심벌즈 연주자에 의해 행해진다. 연극의 신 가네샤와 학문의 신 사라스바티를 찬미하는 노래부터 시작되고 연희자가 노래를 부르는 경우도 있다. 그리고 춤과 무언극을 곁들여 연기한다. 카타카리와 마찬가지 형태로 이야기는 《마하바라타》와 《라마야나》, 그리고 옛부터 전해오는 신화의 삽화를 소재로 하고 있다. 얼굴은 현란하고 선명한 분장을 하고 의상은 화려하다. 또한 신체의 동태는 카타카리와 같이 양식화되어 있지는 않지만, 힘찬 스텝·회전·얼굴 표정도 상당히 많다. 공연은 사원의 정원에서 행해졌으나, 공연 횟수가 아주 한정되어 있으므로 실제로 보기는 어렵다. 케랄라 카라만다람 무용학교에서 훈련과 공연을 볼 수 있었다.

[오리시 Orissi]

동인도 오리사주의 전통무용. 13세기 무렵, 힌두교의 성지 푸리에 있는 자간나트 사원에 소속된 무희가 크리슈나신과 소치는 여인 라다의 사랑을 노래한 〈기타 고빈다〉를 밤낮에 걸쳐 춤추며 바친 데서 비롯되었다. 16세기에 이슬람교의 공세에 의해 종교의식이 중단되자, 무희를 대신하여 고티푸아라 불리는 소년 무용수가 출현하여 그 전통이 계승되어 오늘날에 이르렀다. 손가락의 무드라와 인도 조각상에도 보이는 무릎·허리·목 부분을 구부려서 만들어내는 트리방가의 자태는 살아있는 조각상으로도 일컬어진다. 공연은 무용의 성공을 기원하는 〈망가라챠란〉부터 시작된다. 신체의 사지四肢만으로 표현하는 누릿타로써의 〈바투 누릿티야〉·〈팔라비〉그리고 이야기 형식이 들어간 누릿티야로써 〈기타 고빈타〉로부터 무용을 시작하고, 마지막으로 신과 사람이 하나가 된 〈모크샤〉로 끝나도록 구성되어 있다.

[카타카리 Kathakali]

남인도 케랄라주에 전해오는 고전 전통무용극.《마하바라타》와《라마야나》에 들어있는 5백 가지 이상 되는 삽화인 무드라라는 수지표현手指表現을 사용하여 이야기를 공연한다. 얼굴은 여섯 시간 가량 걸려 요란한 화장을 하고, 연희자는 분장실에서 화장하여 등장인물로 분한다. 의상은 치마 모양으로 되어 있는데, 포르투갈의 영향이라고 한다. 심벌즈와 큰북의 격렬한 소리와 함께 신체가 연출해내는 형태로 행해지기 시작한다. 연희자의 손과 발의 표현은 미묘한 움직임을 보여준다. 연희자는 대부분 남성이며, 연희자의 얼굴의 색채와 그림형상에 따라 역할을 알수 있다.

① 녹색은 신·영웅·왕
② 코에 하얀 구슬을 건 캇티는 사악한 사람
③ 하얀 수염은 정직한 사람, 검은 수염은 사냥꾼·산적, 빨간 수염은 난폭한 사람

④ 황색은 성자·여성

⑤ 검은 얼굴은 여귀女鬼 부타나

등이다. 마라발 해안가에 있는 거리 코친에서는 관광용으로 보여 주고 있는 극장도 있지만, 사원 제례의식의 공연이 볼 만한 가치가 있다.

[카다크 Kathak]

북인도의 고전무용. 자이풀파와 라쿠노파의 두 가지 유파가 있다. 본래는 사원무용이었던 것이 16세기 무갈제국 악바르왕 아래서 궁정무용으로 번성했다. 이슬람교의 영향이 의상과 음악에도 보이지만, 재빠른 회전과 발의 움직임, 사무라 불리는 순간적인 움직임을 멈추는 형태 등, 진행될 때의 아름다움과 멈출 때 창출해내는 아름다움이 볼 만하다. 카다크란 이야기의 뜻으로 주로 크리슈나신과 소치는 여인 고피의 이야기가 무용화되었다. 여러 가지 누릿타라 불리는 의미를 지니지 않는 신체의 동태를 볼 수 있다. 여성이 하는 경우가 대부분이지만 남성에 의한 것도 있다. 발의 복사뼈에 방울(여성은 101개, 남성은 151개)을 달고 하는 스텝은 숙련을 필요로 한다.

[칼라리파얏트 Kalarippayat]

남인도의 무술. 14세기 무렵, 나얄(병사) 계급이 공동체를 만들고 군사적인 신체훈련을 하였는데 그것이 점점 세련되면서 오늘날과 같은 무술이 되었다. 이 칼라리파얏트는 케랄라주의 카타카리, 야쿠샤가나 등의 무용극에 영향을 주었다고 한다. 예를들면 카타카리의 발 사용법은 칼라리파얏트의 새와 동물의 움직임과 비슷하며, 그 영향을 엿볼 수 있다. 케랄라주의 주도州都 트리밴드럼에 훈련학교가 있어서 볼 수 있었다.

[캔디안 댄스 Kandyan Dance]

스리랑카의 무용. 불교제례에 페라헤라로 춤추는 캔디안 댄스는, 의례 무용에서 생겨나 마을에 유행하는 질병을 막고, 각 마을의 안녕과 번영·평화를 기원하기 위해 춤을 추었다. 무용수는 은과 보석류의 장식물을 몸에 걸치고, 춤출 때 흔들리는 소리가 기분이 상쾌해지는 리듬을 만들어낸다. 무용은 우아하고 힘차며, 무거운 장식물을 달고 뛰어오르거나 회전한다. 스리랑카 왕국의 최후 왕조 싱하라 수도 캔디에서, 이 캔디안 댄스라는 이름이 붙여졌다.

[쿠디얏탐 Kudiyattam]

인도 전통고전극. 남인도 케랄라주에 전승되는 유일한 고전 산스크리트극. 배우는 산스크리트어 시를 세련된 손가락 표현 무드라와 얼굴 표현 무카비나야로 표현한다. 4행시를 읊는 데 1시간이 걸리기도 하고, 이틀밤·사흘밤 계속되기도 한다. 무용을 전혀 포함하지 않는 극으로, 오늘날에는 거의 상연되지 않는다. 케랄라주 정부가 전통연극을 보호하고 유지하기 위해 창설한 케랄라 카라만다람 무용학교에서 전통의 보존에 전력을 다하고 있다. 이 학교에서는 1년에 몇 차례의 공연이 행해진다.

[잣트 푸에 Zat Pwe]

미얀마의 고전무용극. 불교설화(쟈타카)를 소재로 삼고 있다. 1976년에 이웃나라 타이에서 전해졌으며, 19세기에 이르러 궁정무용이 되었다. 오늘날에는 타이의 〈라마켄〉의 미얀마판 〈라마 킨 Rama Knin〉과 판지 왕자를 소재로 한 〈이나오〉 등이 인기있는 희곡이다. 잣트 푸에의 단원은 100명 가까이 되며, 밤 8시부터 아침 6시 무렵까지 연희한다. 어릿광대가 많이 등장하고, 배우에 의해 노래, 특히 유행가가 불리워진다.

[산얀 Sanghyang]

인도네시아 발리섬의 무용. 산얀은 섬 안에 유행하는 질병을 막기 위해 신 스프라바의 신령을 두 사람에게 빙의시켜, 발리의 사람들을 사악한 영혼으로부터 보호하기 위해 행해진다. 두 명의 소녀는 마을에서 선발하고, 사원 안에서 여성과 남성이 신가神歌를 부르는 가운데 신이 내린다. 신이 내린 소녀는 대지의 부정으로부터 신을 지키기 위해 어른의 어깨 위에 태우고, 마을을 돈다. 그 뒤 눈을 감은 채 두 사람은 대칭을 이루며 레곤을 춘다. 이것이 산얀 데다리(Sanghyang Dedari)이다. 그외에 산얀 자란(Sanghyang Jaran)은, 대나무 말 위에 걸터앉아 말의 동태를 모방한 가운데 신이 내려서 불 속을 건넌다. 산얀 데린(Sanghyang Deling)은 바틀 호수의 다바난 마을에서 보았으며, 두 가지의 인형

에 신을 내리는 의식을 하고, 인형이 심하게 흔들리면 소녀는 그 인형을
들고 춤춘다.

[슬림피 Srimpi]

인도네시아 궁정무용. 중부 자바의 궁정에서는 여성 네 사람이 두
명씩 나누어 춤춘다. 이슬람 통치시대의 삽화를 모태로 하고 있지만,
줄거리는 없고 주로 여성들의 마음의 갈등이 묘사되어 있다. 그 움직임
은 상징적으로 매우 세련되었다.

[탄다바 Tandava]

인도의 무용용어. 무용의 동태를 말하며, 남성적이며 격렬하고 열렬한
춤이다. 무용의 왕 시바신의 춤이 이 동태를 잘 표현하고 있다. 여성적이
며 우미한 정태적 움직임 〈라스야〉와 대조적이다.

[쵸우 Chhau]

동인도의 가면무용극이며, 서벵갈주 플루리아와 미드나푸르, 비하르주
의 세라이케라, 오리사주의 바리파다에서 행해진다. 이들 지역은 각각
100킬로미터 이내에 있지만, 무용태는 상당히 다르다. 특히 농민이 연희
하는 플루리아의 쵸우와 왕족이 연희하는 세라이케라의 쵸우는 모든
면에서 대조적이다.

[플루리아의 쵸우]

플루리아 지역에는 쵸우를 연희하는 그룹이 500개 가까이 있다. 우기 雨期 때 행해지는 비를 바라는 의례와 관계가 있다고 한다. 격렬한 북 (돌)소리에 맞추어 대지를 힘껏 밟으며 등장하는 연희자의 동태는 하늘 과 땅에 민중의 염원을 호소한다. 무대는 없고 어두운 가스 램프의 불빛 아래서 격렬하고 무시무시한 전투장면이 전개된다. 가면은 종이제품이 며, 머리 장식으로 공작 날개깃과 화려한 귀금속을 달고 있다. 이것은 대부분 쵸리다 마을에서밖에 만들어지지 않는다. 쵸우의 움직임은 도 약·회전 등의 발 모습이 많이 보이며, 등장할 때 양발을 크게 벌리고, 양손을 좌우로 흔드는 모습은 배우가 최고조에 달한 장면임을 보이고 유달리 눈에 띄는 표정과 동작을 하는 듯하다. 각 마을에 따라 연출은 다르지만 주요 이야기는 《마하바라타》와 《라마야나》에서 많이 소재를 취하였다. 공연 시기는 12월부터 4월이다.

[세라이케라의 쵸우]

4월의 봄이 찾아오면 풍요를 기원하는 알다나리슈바라의 제전이 행해 진다. 본래는 전투훈련인 파리 칸다(〈파리〉는 방패, 〈칸다〉는 칼)의 양식 이 발달한 것이 쵸우라고 한다. 현재 공연 목록은 60가지 이상이라고 하며, 봄·비·밤·태양 등 자연계를 표현한 것과 어부·사냥꾼·선원 등을 표현한 것이 있다. 특히 공작춤을 추는 모습은 세라이케라의 쵸우 의 정수라 일컬어지며, 왕족 라지크말 싱 데오에 의해 행해지고 있다.

세라이케라 궁전의 왕후·귀족 들에 의해 전승되고 있다.

[티얌 Teyyam]

남인도 케랄라주의 제사무용. 고전무용극 카타카리와 밀접한 관련을
갖고 있다. 몇 시간에 걸쳐서 얼굴에 가부끼에 출현하는 배우들의 화장
과 같은 요란한 분장을 하고, 대나무에 천을 댄 특별한 소도구류를 몸에
걸치고, 음악에 맞추어 회전한다. 신에 대한 기원의 무용에 카타카리에서
보이는 발의 자태가 전승되고 있다.

[토펜 Topeng]

와얀 토펜(FIELD NOTE ③ 참조)

[토펜 파제간 Topeng Pajegan]

인도네시아 발리섬의 가면무용극. 17세기, 자바섬에 전해져 내려오며,
발리섬에서는 주로 〈바바드〉라고 하는 연대기에서 전기물戰記物이 소재
로 되어 있으며, 역대의 왕과 무장武將의 무용담이 행해진다. 한 사람의
연희자가 다양한 역할을 계속해서 연희한다. 본래는 종교의식에서 푸라
(사원)의 정원에서 행해왔다.

[누릿타 Nritta]

인도의 무용용어. 신체의 동태가 라사(정서)나 바바(감정)를 수반하지

않고, 신체의 각 부위 즉 머리·양손·팔·양다리·어깨·등·배·무릎 등을 짜맞추는 순수무용이다. 여기에 노래가 들어있는 무용을 누릿티야 (Nritya)라 하고, 연극의 줄거리와 관련된 무용극을 나티야(Natya)라 한다.

[바라타 나티얌 Bharata Natyam]

인도의 고전무용. 성현 바라타 무니가 쓴 연극 성전 《나티야 샤스트라》에서 말하고 있는 이론과 기법을 전승한 무용. 명칭의 의미는 〈바라타가 만든 연극〉이다. 예전에는 남인도 탄폴 사원을 중심으로 사원의 전속 무희 데바디시들에 의해 전해졌다. 북(무리단감), 심벌즈 연주와 〈낫투바날〉이 성원해 주는 소리에 맞추어 손뼉을 치며 춤추는 것이 대부분이다. 바라타 나티얌은 다음 여섯 가지 구성으로 이루어져 있다.

① 아라릿프 — 신을 향한 기원을 완만한 템포로 춤춘다.
② 자티스바람 — 템포가 빠르며 찬가를 감정을 담아 표현한다.
③ 샤브담 — 찬가와 함께 몸짓 표현으로 손과 몸통의 움직임이 강조되었다.
④ 발남 — 신체의 움직임과 그 표현이 최고조에 달한 연희자의 연기 솜씨.
⑤ 파담 — 몸짓 표현에 따른 소작품.
⑥ 티라나 — 다양한 박자에 따라 춤추며, 아름다운 자태를 보여준다.

[바론 댄스 Barong Dance]
FIELD NOTE ② 참조

[부타 Bhuta]
　남인도 카라나 지방의 제사무용. 병이나 뜻밖의 재난 등을 야기시키는
눈에 보이지 않는 악령을 없애기 위해, 연희자 스스로가 그 악령으로
변신하며 신이 내리고, 화력火力에 의해 실신상태가 되는 모습을 연기한
다. 이렇게 함으로써 악령이 사라진다고 한다. 악령 신들은 모두 이름이
붙여져 있고, 종려나무 잎을 가늘게 잘라 치마 모양으로 만든 것을 몸에
걸치고, 단조로운 리듬에 맞추어 회전을 반복하면서 신이 내린다. 연희자
의 얼굴에는 카타카리나 야쿠샤가나에서 보이는 화장과 비슷한 분장을
한다.

[부다야 Bedaya]
　인도네시아의 궁정무용. 16세기부터 궁정의례의 하나로 여성에 의해
춤이 행해졌다. 아홉 명의 무용수가 상징적으로 세련된 움직임을 연기하
고, 아름답고 동적인 움직임의 무용을 표현한 것이다. 특별한 줄거리는
없다. 이제까지의 궁정의 왕들은 많은 부다야를 창작하였다.

[펜뎃트 Pendet]
　인도네시아 발리섬의 신사神事무용. 신들에게 바치는 무용으로 공물을

바치는 미혼 여성에 의한 무용이다. 각각 6명·8명·10명의 연희자에 의해 행해진다.

[미카로와로와치 아 가남 Mikalowalowachi a ganam]

대만 난서도에 전해오는 아미족의 무용. 미카로와로와치란 뱀의 동태를 나타낸 언어. 뱀은 용과 같이 물과 관계가 있는 점에서 섬의 생활양식인 물고기를 잡을 때 물의 흐름을 표현하고 있다고 할 수 있다.

[무스캇트 Meuseukat]

인도네시아 수마트라섬의 무용. 이 무용은 앉은 채로 일렬을 이룬 여성들이 상반신만을 사용하여 연기한다. 이것은 1세기 무렵에 아체에 건너온 이슬람교의 선교사에 의해 창작되었다고 한다. 이슬람교의 가르침을 넓히기 위하여 여성들은 손을 두드리면서 〈와아〉 하고 함성을 지르며 양손을 들어올리고, 허리에 얹는 동작을 반복한다. 일찍이 식민통치시대에는 괴상한 말로 민중을 현혹시킨다고 금지되었던 적도 있었다. 지금은 그와같은 미신은 배제되고 예술성을 지닌 연극의 일종으로 행해지게 되었다.

[메부레뷔 델루비슈 댄스 mevlevi Dervish Dance]

터키의 종교무용. 이슬람교의 교단 메부레뷔의 탁발승이 선회하면서 무용하는 제식. 새로운 생명을 재생시키기 위해 신체를 해방시키려는 뜻에서 선회하는 동태를 취하며 새로운 에너지를 방출한다.

[멘뎃트 Mendet]

인도네시아, 발리섬의 신사무용. 여성에 의해 신들에게 헌상하는 무용으로 두 사람 혹은 네 사람으로 흰 의상을 입고 손에 공물인 향수·과자·과일 등을 들고 제사 장소에서 대지의 영혼을 진혼시키기 위해 춤춘다. 사원의 제례(오다란)에서는 반드시 빠지지 않는다.

[모히니앗탐 Mohiniyattam]

남인도 케랄라주의 고전무용. 〈모히니〉란, 〈더이상 없는 매혹적인〉이라는 의미로 아름다운 여성이 신들을 매료하는 모습을 무용화하였다. 모히니앗탐이라는 말은 케랄라주에서만 보이지만, 타밀 나두주에서는 무용하는 여성을 표현할 때 모히니라는 말이 사용되고 있다. 남인도의 바라타나티얌과 카타카리와 같은 세련된 동태에서 모히니앗탐은 관능적인 동태로 정감이 풍부하게 표현된다. 무용의 내용은 기원을 표현한 쵸르쿠트를 시작으로 템포가 빠른 감정을 표현하는 자티스바람과 박자를 바꾸어 춤추는 티라나, 몸짓에 따른 소작품인 파담, 움직임과 그 아름다운 표현을 강조하는 발남 등, 그 구성은 고전무용 바라타 나티얌과 같다.

[야쿠샤가나 Yakshagana]

남인도 카루나타카주의 무용극. 야쿠샤가나에는 북부양식인 바다가팃

트와 남부양식인 텐쿠팃트가 있다. 원래 크리슈나신과 비슈누신에 얽힌 극을 연기하고 있지만, 지금은 《라마야나》와 《마하바라타》에서 취한 이야기가 대부분이다. 사원의 전속 야쿠샤가나는 적고, 대부분은 텐트를 치고 마을을 순회한다. 망고잎으로 장식된 네 개의 기둥 안에 세워진 무대는 야자의 횃불로 비추고 있다. 공연이 시작될 때 막 뒤에 서있는 연희자는, 발만 보여 주어 등장인물을 표현한다. 도약하거나 회전하는 동태가 특징이다. 대부분 남성이 연기하며 여자 모습으로도 등장한다. 머리의 장식물과 의상은 장군과 같이 갑옷·견장肩章·팔찌가 달려있으며, 한 장의 천으로 만든 바지를 입고 있다. 매년 11월에 우디피에서 야쿠샤가나 페스티발이 개최된다.

[라콘 챠트리 Lakhon Chatri]

타이의 무용극. 남자배우가 무대 위에서 불교 설화를 소재로 한 노래 〈마노라〉를 부르면서 의상·머리 장식·발톱 등을 달아간다. 잘 차려입고 북·징·동발銅鈸에 맞추어 천천히 손을 움직이면서 연기한다. 오늘날에는 현대적으로 되어 남자배우와 여자배우가 극을 이야기하는 형태로 이루고 있지만, 남타이에 가면 옛 형태를 남자배우가 연기하는 것을 볼 수 있다.

[라스야 Lasya]

인도의 무용용어. 인도 무용의 움직임을 정태라고 말한다. 우아하고 정적인 움직임을 라스야라 하며, 비슈누신의 부인 라크슈미의 무용이 여성적이며 감미로운 춤으로 알려져 있다. 격렬한 동태인 〈탄다바〉와 대조적이다.

[루잔 Redjan]

인도네시아 발리섬의 신사무용. 신에게 바치는 여성의 군무群舞. 무용수의 마음의 깨끗함이 신체의 동태에 나타나며, 단조로운 리듬 속에서, 사원 승려의 뒤를 따라서 여성들이 일렬로 서서 등장한다. 사원의 정원에서 낮동안에 행해진다. 격렬하고 화려한 다른 발리무용과 다르게, 발리무용의 옛 형태를 남기고 있다.

[레곤 Legong]

인도네시아 발리섬의 무용. 레곤은 〈여성의 무용〉이라는 뜻으로 아름다운 두 소녀에 의한 무용. 발리의 전설 라셈왕과 왕비 랑케사리를 주제로 한 무용극으로 발달한 것은 19세기로 접어들면서부터이다. 레곤은 궁정 안에서 세련되어져서, 대부분의 여성 무용수에 의해 연기된다. 진행은 가멜란 연주와 나레이터에 의하여 이루어진다. 오늘날에는 네 사람에 의한 무용이 되었으며, 다음의 3부 구성 — 하녀 죤둔의 무용, 라셈과 랑케사리의 사랑을 이야기한 무용, 라셈과 죽음을 상징하는 까마귀와 싸우는 무용 — 으로 이루어졌다. 레곤역을 맡은 여성은 마을에서 선발하지만, 초경을 하게 되면 무용을 그만두도록 되어 있다. 세련된 무용태는 직선적이며 어깨와 팔과 허리를 수평으로 하는 움직임으로 표현된다.

[와얀 오란 Wayang Orang]

인도네시아 자바섬의 무용극. 공연작품·극적 구성·음악, 더욱이 오란 (인간이라는 뜻이지만, 여기서는 배우를 말한다)의 신체 동태까지 그림자 놀이 연극 와얀 크릿트(Wayang Kulit)를 모방하였다. 배우는 가멜란 음악에 맞추어 무용을 하고 대사를 말한다. 자바의 죠그자카르타와 스라 카르타의 두 궁정과 아스티 무용학교 등에서 젊은 배우가 육성되며, 공연을 하고 있다. 죠그자카르타의 시내에는 와얀 오란의 상설 건물이 있다. 다른 이름 와얀 온(Wayang Wong)이라고도 한다.

[와얀 토펜 Wayang Topeng]

인도네시아의 가면무용극. 9세기 무렵에 동자바에서 출토된 동판에 가면무용에 관한 것이 새겨져 있다. 14세기 무렵의 토펜은 장례 때 행해 지고 있었지만, 18세기 중반 무렵에는 민간에서도 행해지고 있다. 결혼식 과 탄생일 등의 축하연에서 토펜이 자주 행해진다. 서자바에서는 토펜 바바간(Topeng Babagan)이라 불리워지고 있다. 이야기는 판지 왕자를 다루고 있는 것이 많다. 발리섬에서는 다섯 사람의 연희자가 두 명의 역할을 나누어 연기하고 토펜 판차(Topeng Pancha)와 종교의식으로 행해지는 토펜 파제간(Topeng Pajegan)이 있다.

참고문헌일람

(1) G.Van der Leeuw 〈*Sacred and Profane Beauty : The Holy in Art*〉 Translated by David E.Green, Abindon Press, New York, 1963.

F.D. 레우 《藝術과 성스러운 것》 小倉重夫 譯, 세리까書房, 1980.

(2) Antonin Artaud 〈*The Theater and its Double*〉 Translated by‘Mary Caroline Richards, Grove Press, New York, 1958.

A.알토 《演劇과 그 形而上學》 安堂信也 譯, 白水社, 1965.

(3) Curt Sachs 〈*World History of the Dance*〉 Translated by B. Schonberg, W.W.Norton & Co., New York, 1933.

K.잭스 《世界舞踊史》 小倉重夫 譯, 音樂之友社, 1972.

(4) Gertrude, Kurath, Panorama of Dance Ethnology 〈*Current Anthropology*〉 vol. 1, No. 3, pp.233−254, 1960.

(5) Imgard Bartenieff 〈Research in Anthropology : A Study of Dance Styles in Primitive Cultures〉 〈*Research in Dance : Problem and Possibilities*〉 New York University Press, pp.91−104, 1968.

(6) Adrienne kaeppler, 〈Method and Theory in Analyzing Dance Structure with an Analysis of Tonga Dance〉 〈*Ethnomusicology*〉 vol. XVI, No. 2, pp.173−217, 1972.

(7) Joann Kealiinohomoku 〈Ethnic Historical Study, in Dance History Research〉 CORD, pp.86-97, 1969.

(8) Roderyk Lange 〈*The Nature of Dance, An Anthropological Perspective*〉 Macdonald and Evans Ltd., London, 1975.

R.랑게《舞踊의 世界를 탐구한다》小倉重夫 譯, 音樂之友社, 1971.

(9) Nandikesvara. 〈*Abhinayadarpana : A Manual of Gesture and Posture Used in Ancient Indian Dance and Drama*〉 Edited and Translated by Manomohan Ghosh, Manisha Granthalaya Private Ltd., Calcutta, 1965.

(10) 〈*The Mirror of Gesture : Being the Abhinaya Darpana of Nandikesvara*〉 Translated by Ananda Coomaraswamy and Gopala Kristnayyal Duggirala, Munshiram Monoharla Publishers Private Ltd., 1917.

(11) 飯塚友一郎《演劇學序說》雄山閣, 1974.

(12) Jane Belo 〈*Traditional Balinese Culture*〉 Columbia University Press, New York, 1970.

(13) 〈*The Natyasastra : A Treatise on Ancient Indian Dramaturgy and Histronics*〉 Translated by Manomohan Ghosh, Granthalaya Private Ltd., Calcutta, 1967.

(14) 世阿彌元清 《風姿花傳》《二曲三體圖》《花鏡》(《世阿彌集》 小西甚一 編, 筑摩書房, 1970)

(15)《周易》中國古典選 1, 朝日新聞社, 1966.

(16) 王克芬 編,《中國古代舞蹈史話》人民音樂出版社, 北京, 1980.

(17) 常任俠 著《中國古代藝術》上海出版公司, 上海, 1954.

(18) 金淑子 著〈巫俗舞踊〉《韓國文化》 1980.

(19) Metin And 〈*Turkish Dancing : From Folk Dancing to Whirling Dervishes-Belly Dancing to Ballet*〉 Dost Yayinlari, Ankara, 1976.

(20) Ann Hutchinson 〈*Labanotation : The System of Analyzing and Recording Movement*〉 A theatre Arts Book, New York, 1977.

(21) Tandava Laksanam 〈*The Fundamentals of Ancient Hindu Dancing*〉 Translated by B.Venkata Narayanaswami Naidu, P.Srinivasulu Naidu and Venkata Rangayya Pantulu, Munshiram Manoharlal, New Delhi, 1971.

(22) Rene Nicolas, 〈Le Lakhon Nora ou Lakhon Chatri et les originese du theatre classiqu siamois〉 〈*Journals of Siam Society*〉 vol. 18, Siam Society, 1924.

(23) Ragini Devi 〈*Dance Dialects of India*〉 Vikas Publications, New Delhi, 1972.

(24) 吳曼英・他 編《敦煌舞姿》上海文藝出版社, 上海, 1981.

(25) 歐陽子倩 著《唐代舞踊》上海文藝出版社, 上海, 1982.

(26) 孫景深・吳曼英 著《中國歷代舞姿》上海文藝出版社, 上海, 1982.

(27) 董錫玖 著《中國舞蹈史》文化藝術出版社, 北京, 1984.

(28) Orissi Dance 〈*Mang vol.* ⅩⅢ, *Number 2*〉 Marg Publications, Bombay, 1960.

색 인

【ㅂ】

沈雨晟

民俗學者・一人劇俳優

중앙대・한양대 민속극 및 연극사 강좌

◇ **出演作品**

双頭兒・門・長安散調

無等散調・南道들노래

마당굿 연희본

◇ **著書**

男寺黨牌研究・韓國의 民俗劇

民俗文化와 民衆意識・韓國의 民俗놀이

民俗學概論(譯)・無形文化財總覽(共)

판토마임 藝術(譯)・人形劇의 歷史(譯)

正祖命撰 武藝圖譜通志(解題)

人形劇의 技術(譯)・前衛演劇論(譯)

행위예술—퍼포먼스 아트(譯)

연극의 역사(譯)

아시아 민족음악 순례(譯)

저자·역자 약력

宮尾慈良… 미야오 지료

1948년 동경 출생. 1976년 와세다대학 대학원 문학연구과 예술학 전공 석사과정 수료. 1976－77년에 대만 사범대학에 유학. 1981－82년에 하와이 동서 문화 센터 장학생으로서 하와이대학 대학원 연극학과 박사과정에 유학. 1972년부터 인도·동남아시아 여러 나라·홍콩·대만 등지에서 현지조사를 행한다. 동경 외국어대학 아시아·아프리카 언어문화연구소 공동연구원, 다마가와대학 문학과 강사를 거쳐 현재 와세다대학 문학부 강사, 오차노미즈대학 강사. 전공은 무용인류학·아시아연극학·연극평론.

◇ 주요저서

《경극의 연구》範修堂文庫 (1982년)
《아시아의 인형극》三一書房 (1984년)
《아시아 예능연구 문헌목록》 (편저) 와세다대학 연극학회 (1984년)
《演者와 觀客》일본민속문화대계 (공저) 小學館 (1984년)
《曆과 祭事》일본민속문화대계 (공저) 小學館 (1984년)
《세계민족음악대계》 (공저) 平凡社 (1988년)
《신체행동과 음악》 (공저) 東京書籍 (1990년)

문예신서
19

아시아 무용의 인류학

초판발행 : 1991년 1월 30일
2쇄발행 : 2003년 6월 20일

지은이 : 宮尾慈良
총편집 : 韓仁淑
펴낸곳 : 東文選

제10-64호, 78. 12. 16 등록
110-300 서울 종로구 관훈동 74
전화 : 737-2795

ISBN 89 8038 319 3 94680
ISBN 89-8038-000-3 (문예신서)

【기 타】

東文選 文藝新書 72

초문화사

장정밍 / 남종진 옮김

　고대의 중국 문화는 다원복합적인 것으로 그 주체가 되는 화하華夏 문화에 대해 말하자면 이원복합적이다. 여기에서 '이원'이란 간단히 말해서 북방 문화와 남방 문화를 의미한다. 만약 춘추 전국 시대로 한 정짓는다면 황하 중·하류 문화와 장강 중·하류 문화를 가리킨다. 북방은 산천이 웅장하고, 남방은 경치가 아름답다. 초楚는 남방의 표준이다. 황제黃帝의 신성함과 염제炎帝의 광괴狂怪함 가운데 초민족은 염제 계통에 속한다. 용龍은 위엄 있고 씩씩하여 왠지 두려움을 느끼게 되고 봉鳳은 빼어나고 아름다워 가까이할 만한데, 초는 용을 억누르고 봉을 발양하였다. 유가儒家는 윤리를 중시하고 도가道家는 철리哲理를 중시하였는데, 초는 도가의 고향이다. 《시경詩經》은 바르면서도 꽃과 같고 초사楚辭는 독특하면서도 고운데, 초는 초사의 온상이다.

　예로부터 중국의 고대 문화를 논하는 사람들은 대부분 북방을 중시하고 남방을 경시하였으며, 황하를 중시하고 장강을 경시하였다. 또 황제를 중시하고 염제를 무시하였으며, 용을 중시하고 봉을 경시하였으며, 유가를 중시하고 도가를 경시하였다. 따지고 보면 그래도 초사만이 《시경》에 필적할 수 있었을 뿐이다. 그러나 초사는 많은 비난 또한 함께 받아 온 반면 《시경》은 예로부터 찬양만을 받아 왔다.

　초문화가 처음 그 모습을 드러냈을 당시에는 중원中原 문화의 말류와 초만楚蠻 문화의 잔영이 뒤섞인 것에 지나지 않아 특색도 두드러지지 않고, 수준 또한 높지 못하여 관심의 대상조차 되지 못했다. 춘추 중기는 초문화가 풍운을 만난 시기로, 이때부터 초문화는 새로운 면모를 드러내면서 중원 문화와 각축을 벌였고, 마침내는 우세한 자리를 차지하게 되었다. 이러한 융합, 성장, 발흥, 전화의 과정에 나타난 문화 발전의 법칙은 자못 흥미롭다.

東文選 文藝新書 9

神의 起源

何 新 지음
洪 熹 옮김

　문화란 단층이나 돌연변이를 낳지 않는다. 따라서 중국의 상고시대에 대한 연구는 신화의 바른 해석에서부터 시작되어야 하며, 그 방법은 고고학·인류학·민속학·민족학은 물론 언어학까지 총동원되어야 한다. 그래야만 과학적 접근을 통한 인간 삶의 본연의 모습을 오늘에 적용할 수 있기 때문이다.

　중국의 소장학자 何新이 쓴 《神의 起源》은 문자의 훈고와 언어 연구를 기초로 한 실증적 방법과 많은 문헌 고고자료를 토대로 중국 상고의 태양신 숭배를 중심으로 중국의 원시신화, 종교 및 기본적 철학 관념의 기원을 계통적으로 거슬러 올라가 탐구하고 있다.

　'뿌리를 찾는 책'이라는 저자의 말처럼 이 책은 중국 고대 신화계통에 대한 심층구조의 탐색을 통하여 중국 전통문화의 뿌리가 되는 곳을 찾아보려 하고 있다. 즉 본래의 모습을 찾되 단절되거나 편린에 그친 현상의 나열이 아님을 강조한 것이다.

　이 때문에 그는 이 책의 체제도 우선 총 20여 장으로 나누고 있다. 그 속에는 원시신화 연구의 방법론과 자신의 입장을 밝힌 十字紋樣과 太陽神 부분을 포함하고, 민족문제와 황제, 혼인과 생식, 龍과 鳳에 대한 재해석, 지리와 우주에 대한 인식, 음양논리의 발생, 숫자와 五行의 문제 등을 고대문자와 언어를 과학적으로 분석하여 근거로 제시했으며, 여러 문헌의 기록도 철저히 재조명해 현대적 해석에 이용하고 있다.

　그외에도 원시문자와 각종 문양 및 와당의 무늬 등 삽화자료는 물론, 세계 여러 곳의 동굴 벽화까지도 최대한 동원하고 있다. 특히 도표와 도식·지도까지 내세워 신화와 원시사회의 연관관계를 밝힌 점은 아주 새로운 구조적 분석이라 할 수 있다. 이렇게 하여 그는 일반적 서술 위주의 학술문장이 자칫 범하기 쉬운 '가시적 근거의 결핍'을 극복하고 있다.

東文選 文藝新書 115

中國武俠史

陳　山 지음
姜鳳求 옮김

　영국의 웰스는 《인류의 운명》에서 〈대부분의 중국 사람들의 영혼 속에는 한 명의 유가儒家, 한명의 도가道家 그리고 한명의 도적(土匪)이 싸우고 있다〉는 관점을 인용하였다. 문일다 聞一多는 웰스가 말한 〈도적〉은 중국 무협을 포함하고 있고, 도가는 다만 유가에 대한 보완일 뿐이라고 했다. 근래 어떤 학자는 〈묵협정신墨俠精神이 민간문화를 이루어 상층문화 정신과 대립하고 있다〉는 관점을 제시한 바 있다. 현대 작가 심종문沈從文은 민간사회 중에서 『유협정신游俠精神이 침윤侵潤되어 과거를 만들었고 미래도 형성하게 될 것이다』라고 했다. 결과적으로 말하면 상·하층문화 중에서 유儒와 俠은 중국 전통문화 정신의 중요한 두 체제인 것이다.

　중국에 있어 협俠은 유儒와 마찬가지로 선진先秦시대에 나타나 계속 존재해 오고 있는 오랜 역사를 지닌 사회계층이다. 협俠과 유儒의 문화정신은 일종의 〈초월의미超越意味〉를 내포하고 있어 심리적으로 광범위하고도 지속적인 영향을 주며, 중국 문화의 심층구조에 침투해 있다. 중국 지식인의 영혼 속에 부지불식不知不識 중 유儒의 그림자가 숨겨져 있다면, 중국 평민의 마음 깊은 곳에는 협俠의 그림자가 희미하게 반짝이고 있다. 그러므로 중국 역사상의 무협 현상을 연구하는 것은 중국 문화 기초인 민간문화의 뿌리를 깊게 연구하고, 이를 전면적으로 이해하기 위하여 매우 중요한 의미가 있는 일이다.

東文選 文藝新書 59

女神들의 인도

立川武藏 지음

金龜山 옮김

힌두 母神들의 도상학적 특징과 종교적 儀禮를 밝혀나간 연구서.

여기에서 논의되고 있는 인도는 지리적 개념이라기보다는 종교문화적 개념이다. 그런 의미에서 본서의 인도는 힌두교가 집약적으로 형태를 이루고 있는 네팔을 중심으로 하여 고찰된다. 왜냐하면 네팔은 오래 된 힌두교의 전통을 순수하게 보존하고 있을 뿐만 아니라, 특히 7세기 후반으로부터 여신들이 힌두교의 전면에 등장한 밀교와 밀접한 관계를 맺고 있기 때문이다. 카트만두 분지는 마치 신들이 모여 사는 거대한 판테온이기도 하며, 그 자체가 하나의 만다라로도 인식되는 것이다.

인도의 우주관은 남성 원리인 시바와 여성 원리인 샥티의 구조로서 파악된다. 즉 우주의 근원적인 원리로서 無時間的 존재인 시바와 우주 에너지인 性力으로서의 샥티와의 합일을 통하여 梵我一如라는 힌두교의 이상을 완성할 수 있다고 믿어지는 것이다. 그러므로 인도의 여신들은 모두가 샥티의 표상들이다.

인도에서 여신 숭배의 신앙은 7,8세기 밀교의 발전과 더불어 그 세력을 얻고 있었다. 베다의 전통에는 없었던 여신 숭배의 신앙이 힌두교에 도입되면서 남신들은 각각 그 반려자로서 여신을 동반하고 나타나는데, 남신들의 원형인 시바의 힘은 여신 '샥티'로 표상되었다. 그로부터 여신들에게 도상적 특징이 생겨났고, 샥티의 변형으로서 다양한 여신들이 힌두교의 판테온에 등장하여 우주 만다라를 형성하게 되었다.

원형으로서 시바와 샥티는 수없이 변형된 표상으로 전개되어 인도의 종교적 토양을 더욱 비옥하게 했던 것이다. 저자는 본서를 자료집으로서도 비중을 두고 거의 빠짐 없이 여신들의 도상적 특징들을 규명해 놓았다. 그것은 마치 네팔이라는 축도 속에 인도의 신들이 배열된 도상 만다라를 학문적으로 재생시켜 놓은 듯한 느낌을 준다.

東文選 文藝新書 18

신화, 미술, 제사

張光直 지음
李　徹 옮김

신화·예술·정치를 통해서 본 중국 고대 문명의 기원과 그 특징.

아득한 고대로부터 현재에 이르기까지 중국 문명은 전세계 문명의 체계 중 어떠한 지위를 차지하고 있을까? 그것의 가치는 어디에 있으며, 그 특징은 무엇인가? 이 모든 것은 지금도 변화하고 있는 문화환경 속에 처해 있는 사람들이 생각지 않을 수 없는 문제이다. 본서의 저자는 이에 대해 특수한 각도에서 우리에게 명확한 해답을 제시해 준다. 아울러 그는 중국 문명의 기원이 되는 관건은 정치적 권위의 흥기와 발전에 있다고 보면서 이러한 정치 권력은 주로 도덕·종교, 희귀한 자원의 독점 등의 수단으로 취득하는데, 그 중 가장 중요한 것은 하늘과 땅, 인간과 신을 소통시켜 주는 수단의 독점이라고 피력하면서 세심한 논증을 하였다.

저자는 고대 중국에서 정치적 권위를 획득하는 데 있어 필수 불가결한 조건들로서 씨족·제사·예술·문자·도덕적 권위·무력·재력 등을 나열하고, 그것들의 내용 및 상관관계를 추적하고 있다. 그 서술방식이 간결명료하고 긴밀히 연결되어 있어 어느 한 구절도 그냥 지나칠 수 없으며, 곳곳에서 저자의 참신한 견해를 만날 수 있게 된다. 특히 제4장에서 청동기 위에 새겨진 동물 문양과 정치 권위 및 종교 행위와의 관계를 설명한 부분은 가히 독보적인 견해라고 할 수 있다.

東文選 文藝新書 5

남사당패 연구
男寺黨牌研究

沈雨晟 지음

　우리는 일반적으로 演戱를 그저 하나의 여흥 수단으로 넘겨 버리는 옳지 못한 습성을 갖고 있다. 예술을 생활을 떠난 관념의 소산으로 아는 인습이 조선 왕조의 폐쇄적 道樂思想 등으로 하여금 더욱 고질화시키는 역할을 해온 것같다. 道樂的 審美欲의 노예가 되어 민중의 생활과는 아무런 관계도 없이 그 함수 관계를 차단하며 다분히 통치 권력의 지배 수단으로 發牙한 향락적 예술적 형태와는 달리, 오히려 이들과 대립 관계에 서면서 이 땅의 원초적 民主平等思想을 바탕으로 한 民衆藝術로 부각되어 나타난 것을 남사당놀이로 보는 것이다.

　남사당패란 우리의 오랜 역사에서 민중 속에서 스스로 형성, 연희되었던 流浪藝人 集團을 일컫는 것으로 그 배경은 말할 것도 없이 민중적 지향을 예술로써 승화하여 온 진보적 구성으로 보아야 할 것이다. 그것은 反人的 自然과 人性에 대한 대립적 존재로서 민중의 實生活史와 같은 맥락을 갖는 것이다. 그들의 형성 배경에 대한 사소한 부정적 異見들은 가시덤불의 민중사를 통찰해 보면, 뜨거운 애정으로 감싸질 畵蛇添足에 불과한 것이라 하겠다.

　■남사당패의 形成에 대하여 / 풍물놀이考 / 버나(대접돌리기) 演戱考 / 살판(땅재주)에 관한 考察 / 어름(줄타기) 演戱考 / 덧뵈기 演戱考 / 덜미(꼭두각시놀음)에 관한 考察 / 덜미 採錄本의 종류